टाइम डाइटिंग

जब मोहब्बत की इमारत ताजमहल में चाँद चमचमाता है, जब जगजीत सिंह की आवाज़ में सुर लहराता है, जब सुबह उठकर कोई कबूतर को दाने चुगाता है या जब आलोक सेठी जैसा कोई नौजवान नई-नई पुस्तकें लेकर सामने आता है तो मेरा विश्वास इनसानियत पर और मज़बूत हो जाता है...।

निदा फ़ाज़ली, सुप्रसिद्ध शायर

हम आलोक से बहुत मुहब्बत करते हैं। ऐसे लोगों की समाज और साहित्य को सख़्त ज़रूरत होती है। आलोक देश, कविता और हिन्दी का सम्मान हैं। कविता ज़िन्दा है तो शब्द, देश, परिवेश और इनसान ज़िन्दा रहता है।

मुनव्वर राना, जानेमाने शायर

आज जब रिश्तों में ज़हर घुल रहा हो और दिखावे का बोलबाला हो तब आलोक के शब्द आपसी सम्बन्धों के रेगिस्तान में प्यार की बौछार करते नज़र आते हैं।

सुरेन्द्र शर्मा, सुविख्यात हास्य कवि

आलोक सेठी हमारे मन की गीली मिट्टी में तुलसी रोपना चाहते हैं; छोटे-छोटे छींटों के साथ। वे अपने सीखे हुए के आधार पर सबको सतर्क, सचेत और सजग करना चाहते हैं। उनकी बातों को सविनय स्वीकार करने का मन करता है। मेरा विश्वास है कि उनकी शब्द-सौगात से संसार में सुख-संचार होगा।

अशोक चक्रधर, सुविख्यात कवि एवं लेखक

उम्र कभी कामयाबी का मानदंड तय नहीं करती। पचास सालों में कारोबारी दुनिया में रहते हुए आपने सृजन और नवाचार की जो मिसाल क़ायम की है, वह निश्चित ही आज की पीढ़ी के लिए सबक और रोशनी का काम करेगी।

एन. रघुरमन, लोकप्रिय स्तम्भकार

करुणा, बुद्धि और विवेक की त्रिवेणी पर सारस्वत आराधना करने वाले प्रयोगी-योगी का नाम है—'आलोक सेठी'।

बालकवि बैरागी, वरिष्ठ कवि

टाइम डाइटिंग

डॉ. आलोक सेठी

फंडा
unda
राधाकृष्ण प्रकाशन का उपक्रम

ISBN : 978-81-979271-8-8

मूल्य : ₹199

पहला संस्करण : 2024

फंडा Funda राधाकृष्ण प्रकाशन का उपक्रम

प्रकाशक
राधाकृष्ण प्रकाशन प्राइवेट लिमिटेड
जी-17, जगतपुरी, दिल्ली-110 051

शाखाएँ : अशोक राजपथ, साइंस कॉलेज के सामने, पटना-800 006
पहली मंजिल, दरबारी बिल्डिंग, महात्मा गांधी मार्ग, प्रयागराज-211 001
1, अनमोल सोराबजी सन्तुक लेन, धोबी तलाव, मरीन लाइंस, मुम्बई-400 002
वेबसाइट : www.radhakrishnaprakashan.com
ई-मेल : info@radhakrishnaprakashan.com

मुद्रक
विकास कंप्यूटर एंड प्रिंटर्स
ट्रॉनिका सिटी-201 102

TIME DIETING
by Dr. Alok Sethi

हर उस व्यक्ति को जिन्हें दूसरों के भी
समय की कद्र है

क्रम

उनके यहाँ लक्ष्मी करती है सरस्वती का संधान

आलोक सेठी से मुलाक़ात के पहले मैं मंच के कवियों से इनका ज़िक्र सुनता था। मुझे आश्चर्य होता था जब हमारे मंच के कवि इनकी किताबों की प्रशंसा करते। ताज्जुब इसलिए कि मंच के कवि, जिन्होंने रेलवे टाइम-टेबल के अलावा कभी कोई किताब नहीं पढ़ी, इनकी

किताबें पढ़ते हैं। आलोक भाई की एक किताब पहली बार मेरे हाथ में तब आई, जब मुझे अपनी बेटी को आठवीं क्लास में पढ़ने के लिए बाहर भेजना था। वह तब डी.पी.एस. में पढ़ती थी। हम दोनों प्राध्यापक पति-पत्नी चिंता कर रहे थे कि उसे कहाँ भेजना है। हिन्दी-माँ ने कुछ कृपा कर दी, तो सोचा कि कैम्ब्रिज भेज देते हैं। बात हुई कि अब इस क़स्बाई इमोशन से बाहर निकलना होगा। हमारा तो क्या है, हम सरकारी स्कूलों में पढ़े-पले हैं, लेकिन जैसे ही आलोक भाई की कविता—'शादी से पहले ही विदा हो जाती है होस्टल में पढ़ रही बेटी' पढ़ी, मैंने पत्नी से कहा, 'हो गया निर्णय।' पत्नी ने कहा, 'कहाँ एडमिशन कराना है?' मैंने नम आँखों से कहा, 'जहाँ पढ़ रही है, वहीं ठीक है।'

यह बड़ी बात होती है कि कोई कविता आँख और कान के रास्ते सीधे हृदय में उतर जाए। आलोक भाई का व्यवसाय बड़ा है। यह मुझ जैसे व्यक्ति को बहुत सम्मोहित नहीं करता। धनी होना आसान है, नेता होना आसान है, कवि होना कठिन है। राजनीति सदा अतीत हो जाती है। साहित्य सदा वर्तमान रहता है। खंडवा से मुम्बई तक, संगीत में हम किशोर से शोर तक पहुँच गए हैं। आलोक सेठी इस यात्रा को वापस कर रहे हैं, यह बड़ी बात है।

भाषाएँ, माताएँ-बेटों से बड़ी होती हैं। मैं इनसे अभिभूत हूँ कि इन्होंने व्यवसाय से भाषा के लिए समय निकाला। दुनिया के कुछ मुल्कों की मुहर मेरे पासपोर्ट पर भी है। हम साहित्यिक यात्रा पर विदेश जाते हैं। हम कवि होकर, रचनाकार होकर भी इतना समय नहीं निकाल पाए कि वहाँ के बारे में कुछ लिखें।

आलोक व्यावसायिक यात्राओं पर विदेश जाते हैं। समय निकालकर वहाँ के बारे में लिखते हैं, यात्रा-संस्मरण लिखते हैं। उन्होंने अपनी व्यावसायिक यात्रा को साहित्यिक यात्रा में बदल दिया है। ये उनका हिन्दी में बड़ा योगदान है। जो हमारे पास नहीं है, वो आलोक के पास है। आलोक भाई, आप बधाई के पात्र हैं।

नारद ने एक बार ब्रह्माजी से पूछा कि 'धरती पर स्वर्ग जैसा आनंद कैसे उपलब्ध हो सकता है प्रभु?'

ब्रह्माजी ने उत्तर दिया, 'देखो नारद, जिन पर लक्ष्मी की कृपा हो और वे सरस्वती का संधान करते हों, उस परिवार में स्वर्ग का आनंद आता है।' आलोक भाई के परिवार में जाकर मैंने महसूस किया कि ब्रह्माजी ने ठीक ही कहा था। आलोक भाई की जो आत्मीयता, रसमयता, निवेदना और जो विनम्रता अपने परिवार के प्रति है, वो मेरे लिए सीखने का विषय है।

आत्मीय भाई आलोक सेठी हर बार चौंकाते हैं और हर बार पूर्णतः भिन्न विषयों पर किताबें गढ़ते हैं। यह उनके मस्तिष्क के वैविध्य का परिचायक है। आलोकजी की विशिष्टता यह भी है कि उनकी किताबों के विषय और उनका लेखन वास्तविक जीवन के आसपास होता है।

इस पुस्तक के लिए आलोक भाई को अनंत शुभकामनाएँ!

डॉ. कुमार विश्वास

सुविख्यात कवि

मेरी बात...

यह जगत विविधताओं से भरा हुआ है। तितलियाँ, मछलियाँ, फूल, पक्षी जैसी अनेक कुदरत की नियामतें हैं जो आपको अनगिनत रंगों और क़िस्मों में मिल जाएँगी। सिर्फ ये ही क्यों...दुनिया की सवा आठ अरब आबादी में से किसी एक का भी चेहरा, अँगूठे की धारियाँ, आँखों की पुतलियाँ दूसरे से नहीं मिलतीं। पर अखिल ब्रह्मांड में एक चीज कॉमन

है, वो है समय। सभी के पास चौबीस घंटे और सप्ताह में सात दिन ही हैं। किसी को चौबीस घंटे कम पड़ते हैं और कोई इन्हीं 24 घंटों में 240 घंटों का काम कर दिखाता है। अब समय पर बात।

आप पूछेंगे और पूछना भी चाहिए कि समय प्रबंधन पर एक से बढ़कर एक किताबें बाजार में उपलब्ध हैं, फिर इस किताब की ज़रूरत क्यों? वो इसलिए कि कोई भी विषय कितना भी पुराना हो जाए, हमेशा उस पर कुछ न कुछ नया लिखने-कहने की गुंजाइश होती है। दूसरा उनमें से अधिकांश किताबें, दुनिया के बड़े लोगों ने बड़े लोगों के बड़े फ़ॉर्मूलों के साथ लिखी हैं। यह किताब एक आम दुकानदार ने आम लोगों के लिए लिखी है। सारे नुस्ख़े आज़माए हुए हैं। इनकी मदद से एक क़स्बे का हिन्दी मीडियम, टाटपट्टी छाप पाठशाला में पढ़ा; शून्य से अपना सफ़र शुरू करने वाला, सामान्य-सा व्यक्ति अपना जीवन बदल सकता है। इसका मतलब कोई भी कर सकता है।

पुस्तक को आपके हाथों तक पहुँचाने में टीम हिन्दुस्तान अभिकरण के मेरे साथी शुभम शर्मा, दिलीप थडानी और राधाकृष्ण प्रकाशन का आभार।

हमेशा की तरह आपकी तटस्थ प्रतिक्रिया का बेसब्री से इन्तज़ार रहेगा।
सदैव आपका,

डॉ. आलोक सेठी

24 सितम्बर, 2024

क्या है टाइम डाइटिंग...

स्वभाव से घुमक्कड़ हूँ। माता-पिता के आशीर्वाद और प्रभुकृपा से लगभग सत्तर-अस्सी देशों की धूल फाँकने का मौक़ा मिला है। वहाँ नये इनोवेशन तलाशता रहा हूँ। विदेशों और देश के भी अच्छे रेस्तराँ में एक नया चलन चला है। बुफ़े में डिश के नाम की प्लेट में वेज-नॉनवेज के निशान के अलावा एक और सूचना लिखी जाने लगी है। इस डिश का

सेवन करने पर हम प्रति सौ ग्राम कितनी कैलोरी अर्न करेंगे। समझदार को इशारा काफ़ी है। फ़िटनेस अवेयरनेस के बदलते दौर में हर जागरूक व्यक्ति इस बात पर एक बार नज़र डाल ही लेता है। क्या सेवन करने से कितनी कैलोरी बढ़ जाएगी और इसे बर्न करने के लिए मुझे कितना अतिरिक्त परिश्रम करना होगा?

जिस तरह शरीर को फिट रखने के लिए भोजन का सही डाइट प्लान ज़रूरी है, उसी तरह सफलता की पहली शर्त है टाइम डाइटिंग। अगर बेवजह खपाए गए घंटों को किलो में मापा जाए तो हर किसी का वज़न बढ़ा हुआ मिलेगा। ज़रूरी है अपने क़ीमती समय से अनावश्यक टॉक्सिक और हानिकारक समय कम करना और फ़ायदेमन्द कार्यक्षमता बढ़ाना।

मैकिन्जी एंड कम्पनी के मुताबिक़ अगर हम तकनीक और प्लानिंग के साथ काम करें तो अपना साठ से सत्तर प्रतिशत समय बचा सकते हैं। जिसे समय को ग़ुलाम बनाना आ गया, सफलता ख़ुद उसकी चाकरी करती है। इस पुस्तक में हैं, आपके टाइम फिटनेस के लिए रोज़मर्रा में सरलता के साथ आज़माए जा सकने वाले कुछ व्यायाम, कुछ नुस्ख़े, कुछ देसी जड़ी बूटियाँ...!

1

याददाश्त बादाम खाने से नहीं डायरी में लिखने से बढ़ती है

दिमाग़ का काम सोचना, नये कारनामे करना है, याद रखना नहीं। क्यों लोड डालते हो बेचारे पर? काम की बातें डायरी में लिख लीजिए। अगर डायरी, काग़ज़ सँभालने में दिक़्क़त आ रही हो तो मोबाइल का ज़माना है। हम उसका उपयोग व्हाट्सएप, इंस्टाग्राम या फ़ेसबुक जैसे

टाइम किलिंग काम के लिए ज्यादा करते हैं। जबकि वो तो इससे आगे बढ़कर हमारा एक परफ़ेक्ट पर्सनल असिस्टेंट है। पेंडिंग काम याद रखने के लिए मोबाइल में नोट्स बना लीजिए। उसमें भी अलग-अलग हेडिंग दे दीजिए। गूगल कैलेंडर में जाकर आने वाले दिनों के सारे अपॉइंटमेंट लिख लीजिए। फ़ोल्डर या व्हाट्सएप ग्रुप बनाकर डॉक्टर के पर्चे, ज़रूरी काग़ज़ात सेव करते चलिए। अलार्म सिर्फ़ जगाने के लिए ही नहीं, आपको निश्चित समय पर निश्चित काम याद दिलाने का काम भी बख़ूबी कर सकता है। नम्बर सेव करने में कभी कंजूसी न करें। क्या पता, जीवन में कौन, कब, किस घड़ी काम में आ जाए! मोबाइल में ऑप्शन होता है, नम्बर सेव करते समय उनकी तस्वीर लेने का, लेकर रख लीजिए। फ़ोटो देखकर याद करना आसान होता है। नम्बर पूरी डिटेल्स और रेफरेंस के साथ सेव कीजिए। इससे सिर्फ़ एक ही बार काम पड़ता है। नम्बर टेम्परेरी भी सेव कर सकते हैं ताकि बाद में ज़रूरी न होने पर हटाया जा सके।

ग़ैर-ज़रूरी फ़ोटो हाथ के हाथ डिलीट करते चलें ताकि काम की तस्वीर ढूँढने में मशक़्क़त न करनी पड़े। व्हाट्सएप पर सेटिंग कर लें, जिससे ग्रुप में जोड़ने से पहले किसी को भी आपकी अनुमति लेना आवश्यक हो जाए। समय ख़राब करने वाले ग्रुप से विनम्रता से क्षमा माँगकर बाहर हो सकते हैं। ऐसे व्हाट्सएप कॉन्टेक्ट्स जो डिस्टर्ब करते रहते हैं, ब्लॉक कर सकते हैं।

ग़ैर-जरूरी ऐप्स को बाय-बाय करते चलिए। तंग करने वाले नम्बर पर ग़ुस्सा करें, इससे बेहतर है उन्हें ब्लॉक कर दें। आपका समय आपका है। लम्बी बात करने वाले कॉल्स को आप क्षमा माँगकर बाद के लिए पोस्टपोन कर दें। जब आप और वो दोनों कंफर्टेबल हों और आप चाहें

तब बात कर लीजिए। ऐसे अनेक आइडिया आपके पास भी होंगे, बस उनका उपयोग कीजिए। समय ख़राब करने वाला यह फ़ोन ही समय बचाने में आपका सबसे बड़ा मददगार हो जाएगा। अन्त में फिर से मूल बात पर आ जाएँ, मोबाइल—डायरी का उपयोग कीजिए। याददाश्त के भरोसे मत रहिए। याद रखिए, एक इंच स्वर्ण से भी एक इंच समय नहीं ख़रीदा जा सकता।

लाख टके की बात

समय एक ही बात कहता है,
आज तुमने मुझे बचा लिया तो
कल मैं तुम्हें बचा लूँगा।

2

जो काम तुरन्त हो सकता हैं, उसे टू डू लिस्ट में मत लिखिए

एक रिश्तेदार का फ़ोन आया। सीधा-सादा जैन व्यक्तित्व, बाहर का खाना तो छोड़िए, पानी भी नहीं पीते थे। ट्रेन से खंडवा से पास हो रहे थे, घर के भोजन के लिए अनुरोध था। उनका फ़ोन रखा, सोचा, हाथ का काम निपटाकर घर फ़ोन कर दूँगा। कुछ ऐसा उलझा कि खंडवा

स्टेशन पर उनकी ट्रेन आ पहुँची। उनका फ़ोन आया, 'कहाँ खड़े हो', तब याद आई। अब दो मिनट में क्या हो पाता! वे रात्रि भोजन करते नहीं थे कि आगे कहीं से व्यवस्था करवा देता। वे भले मानस थे, कुछ बोले नहीं। मैं आत्मग्लानि से सारी रात सो नहीं पाया।

उस दिन से निश्चय कर लिया, आप भी कर लीजिए। जो काम दो-चार मिनट में हो सकता है, उसे बाद के लिए बिलकुल भी नहीं टालना है। भूल गया, याद नहीं रहा, ख़याल से उतर गया इन सब बहानों की ज़रूरत ही नहीं पड़ेगी। मोबाइल का कैमरा सिर्फ़ सेल्फ़ी के लिए नहीं है। काम की याद रखने के लिए चीज़ों की तसवीर लेते चलिए। देखकर याद आ जाता है कि कुछ छूट तो नहीं गया। दिन में जब भी समय मिले या रात में सोने से पहले कॉल लिस्ट चेक कर लेनी चाहिए। किसी से कोई बात करनी हो और वह समय उन्हें कॉल करने के लिए उपयुक्त न हो तो उसी समय उन्हें व्हाट्सएप तो कर ही सकते हैं। बात अगर लम्बी है तो लिखें भी क्यों, ऑडियो मैसेज़ भेज दीजिए। अगर हम बहुत ज़्यादा व्यस्त हैं तो वह ज़िम्मेदारी तुरन्त किसी अन्य साथी को सौंप दीजिए।

एक बात और—हमारे शरीर में बायोलॉजिकल क्लॉक होती है। जब भी हम कोई काम, किसी निश्चित समय पर करने की आदत बना लेते हैं तो हमारा शरीर उसी अनुसार ढल जाता है। उदाहरण के लिए अगर हम रोज़ शाम सात बजे खाना खाते हैं तो हमें आप उस समय पर अपने भूख लगने लगेगी। हमें चाहिए कि हम अपनी बायोलॉजिकल क्लाक में

बिना चूके लगातार इस बात की चाबी भरते रहें कि अभी के काम को कभी की जगह अभी ही करना है।

लाख टके की बात

सफलता का अचूक मंत्र है—तुरन्त।

3

अपॉइंटमेंट लीजिए अपॉइंटमेंट दीजिए

मोबाइल का युग है। आप किसी से भी मात्र एक रिंग की दूरी पर हैं। कॉल करने से सामने वाला डिस्टर्ब हो रहा हो तो व्हाट्सएप या एस एम एस तो है ही। चाहे कोई कितना ही नज़दीकी क्यों न हो, मिलने जाने से पहले समय लेना दोनों के लिए सुविधाजनक रहता है। जब समय

की बात हो तो यह भी क्लीयर करते चलिए कि सिर्फ़ शिष्टाचार भेंट के लिए जा रहे हैं या किसी काम के लिए। काम बताने में दिक़्क़त न हो तो वह भी पहले से ही बता देना चाहिए। सामने वाला व्यक्ति मानसिक तैयारी के साथ रहेगा। मुलाक़ात में भूमिका का समय बच जाता है। मुलाक़ात के लिए कितना समय चाहिए, यह भी अगर पहले से ही बता दें तो सोने पर सुहागा। किसी बड़े आदमी से फ़ोन पर बात करनी हो और कोई इमर्जेंसी न हो तो सीधे कॉल करने के बजाय चैट करके कॉल करने के लिए समय ले लेना बेहतर रहता है।

इसी तरह अगर हम किसी को अपॉइंटमेंट दे रहे हों, तब भी लागू की जा सकती है। कोई व्यक्ति किसी काम से मिलने आ रहा है तो काम की पुरानी स्थिति को समझकर अनुमानित समय के बारे में विनम्रता से पूछा जा सकता है। इससे उनका और हमारा, दोनों का समय बचेगा। दो अपॉइंटमेंट्स के बीच टाइम का कुशन भी रखिए। कई बार मीटिंग उम्मीद से कुछ लम्बी चल जाती है। रास्ते में ट्रैफ़िक जाम हो सकता है और मीटिंग देर से भी शुरू हो सकती है। डिज़ास्टर प्लानिंग लेकर चलें। सत्कार के लिए चाय, स्वल्पाहार का मन हो तो उसकी प्लानिंग भी पहले से ही की जा सकती है। किसी रेस्तराँ में जा रहे हों तो टेबल पहले से ही बुक कर देने से समय बचता है। छोटे शहरों में तो हम रेस्तराँ के लिए निकलते समय फ़ोन पर ही टेबल बुकिंग के साथ खाने का भी ऑर्डर दे देते हैं।

चलते-चलते एक रोचक बानगी...नामचीन सिविल इंजीनियर ब्रुनेल के केबिन में केवल एक ही कुर्सी रहती थी। अगर मिलने वाला किसी ज़रूरी काम के लिए आता था, तो वे कुर्सी उसे दे देते थे, और ख़ुद खड़े रहकर

बात सुनते थे। मिलने वाला अगर किसी ग़ैर-जरूरी काम के लिए आता था, तो वे कुर्सी पर बैठे रहते थे। ज़ाहिर है, जब एक व्यक्ति बैठा हो और दूसरा खड़ा, तो केवल काम की ही बातें हो सकती हैं। और मीटिंग समय से ख़त्म हो जाती है। ज़्यादा शब्दों में थोड़ा कहने के बजाय कम शब्दों में ज़्यादा बात करना हमेशा बेहतर है।

लाख टके की बात

दुनिया बहुत तेज़ी से बदल रही है,
अब बड़े-छोटों को नहीं बल्कि
तेज़-धीमों को हराएँगे।

4

ख़ुद को क़ीमती बनाना हो तो बेशक़ीमती काम कीजिए

इंदौर के जिमखाना क्लब में ग़ज़ल सम्राट जगजीत सिंह का गायन चल रहा था। जैसे ही कार्यक्रम क्लाइमेक्स पर पहुँचा, जगजीत जी ने समाप्ति की घोषणा कर दी। जनता का आग्रह भी आया, कुछ देर और सुनाइए। जगजीत सिंह ने बड़ी विनम्रता के साथ कहा, 'थोड़ी-सी प्यास

बने रहने दीजिए' और स्टेज से विदा हो गए। आप किसी भी सेलिब्रिटी को देखिए, कार्यक्रम ख़त्म होते ही निकल जाते हैं, इसलिए वो खास हैं। धर्मशाला ख़ाली होने तक रुके रहेंगे तो आम हो जाएँगे। एक सीमा से ऊपर टिके रहने से हम अपनी वैल्यू ख़ुद कम कर लेते हैं। किसी सभा में आप माइक पर बोल रहे हैं तो आपका भाषण ख़त्म होने पर लोगों को लगना चाहिए कि इन्हें अभी और बोलना था, तभी तो मज़ा है। आप किसी से मिलने गए और वो आड़ा-टेढ़ा होने लगे, उससे पहले निकल लीजिए। सामने वाले को यह कहने की आवश्यकता महसूस होनी चाहिए कि भाई, और बैठिए।

मनुष्य एक सामाजिक प्राणी है। इस विषय पर हमने बचपन में बहुत निबंध लिखे हैं। बदलते दौर में इस निबंध में कुछ परिवर्तन ज़रूरी हो गए हैं। पहला : आमंत्रण पर जाना ज़रूरी है क्या, देखना होगा। दूसरा : ज़रूरी है तो कितने समय के लिए जाना चाहिए। शादी का आयोजन किसी ने दो दिनों का रख लिया, किसी ने कोई समारोह दिनभर का रख लिया, यह उनका उत्साह है। यह हमें देखना है कि हमारे पास कितना समय है। एक ही जगह पूरा समय दे दिया तो जहाँ जाना ज़रूरी है, वहाँ भी जाना छूट जाएगा। अच्छे को 'ना' कहना सीखिए ताकि आप सर्वश्रेष्ठ को 'हाँ' कह सकें। ज़िन्दगी का लक्ष्य बनाइए—हमें भीड़ का हिस्सा नहीं, भीड़ की वजह बनना है।

दो दिन का आयोजन है और आपको दूसरे दिन बुलाया है। आपको पहला दिन सुविधाजनक है तो तभी जाकर मुलाक़ात और शुभकामनाओं का लेन-देन कर आइए। अगर मुख्य आयोजन में जाने में समय की दिक़्क़त है तो हफ़्ते-दो हफ़्ते आगे-पीछे, जब जाना हो तब मिल आइए। समय

बच जाएगा और सामाजिकता भी निभ जाएगी। नहीं जा पा रहे हैं तो क्षमा सहित पत्र लिखकर और आवश्यकता के अनुरूप तोहफ़ा भेजकर नाराज़गी को कम किया जा सकता है। केनेथ कांडा कहते हैं कि जब भी हम शहद की खोज में जाते हैं तो इस अन्देशे के लिए ख़ुद को तैयार रखना चाहिए कि मधुमक्खियाँ हमें काट सकती हैं।

लाख टके की बात

जहाँ आपके होने और न होने से
कोई फ़र्क़ नहीं पड़ता, वहाँ आपका
न होना ही बेहतर है।

5

मना करना सीखें

अगर हमें वह फ़सल पसन्द नहीं है, जो हम काट रहे हैं, तो हमें वह बीज चेक करना होगा जो हम बो रहे हैं। हमारा समय हमारा है। इसे कोई कैसे ले सकता है? हम बहाने करते हैं। यार, फलाँना आदमी आ जाता है। ढिकाने का फ़ोन आ जाता है। बोल-बोलकर कान से खून निकाल देता है। यार, वो बहुत चिपकू है। सीधी और सपाट बात है, अगर कोई

हमारा एक बार समय ख़राब करता है तो यह उस पर लानत है। अगर कोई बार-बार हमारा समय ख़राब करता है तो यह हम पर लानत है।

मेरा एक पुराना दोस्त है। रात को 9-10 बजे अगर उसका फ़ोन आए तो समझ मैं जाता हूँ कि उसने सेंट लगा लिया है, और अब ये लम्बा जाएगा। शुरू में दो-चार बार तो बात कर ली, अब रात को फ़ोन उठाना बन्द कर दिया। सुबह ही उसे फ़ोन लगा लेता हूँ। वह कुछ कहे, इससे पहले ही उससे कह देता हूँ, 'माफ़ी चाहता हूँ भाई, रात में तेरा फ़ोन आया था, कहीं बैठा था, इसलिए बात नहीं कर पाया। बोल, किसलिए याद किया?' सुबह तक उसकी भी उतर चुकी होती है। वह भी बोलता है, 'यूँ ही, याद आ रही थी, लगा लिया' और बात 10-5 मिनट में खत्म हो जाती है। हम रात में उसका फ़ोन उठाएँ, घंटे-दो घंटे ख़राब करें और बाद में कलपते रहें, इससे क्या फ़ायदा!

खंडवा में एक नये डिस्ट्रिक्ट जज आए थे। जैन होने के कारण हम समाजजन एक कार्यक्रम के लिए आमंत्रित उन्हें करने गए। उन्होंने बड़े सम्मान से हमें बिठाया, चाय पिलाई किन्तु आने की बात पर कहने लगे कि 'मुझे माफ कीजिएगा, मैं शहर के किसी भी तरह के आयोजनों में नहीं जाता हूँ। मुझे लगता है, इससे मेरा न्याय-चिन्तन प्रभावित होगा। मेरे पूरे कार्यकाल में मुझसे किसी भी तरह के आयोजन में आने की उम्मीद न रखिएगा।' उनकी इस साफ़गोई से प्रभावित, आभार व्यक्त कर हम सब वापस आ गए।

दोस्तों, जीवन में हम सभी किसी के काम आ सकें, बहुत अच्छी बात है, आना ही चाहिए। लेकिन किसी का कोई काम, जो हमसे नहीं हो

पाएगा, उसके लिए आश्वासन देने से बेहतर है, विनम्रता से क्षमा माँगकर मना कर देना, और अगर 'हाँ' बोलें तो फिर उसे ज़रूर करें। 'हाँ' और 'ना' दुनिया के सबसे छोटे और पुराने शब्दों में से एक हैं। लेकिन इनके इस्तेमाल के लिए हमें सबसे ज़्यादा सोचना चाहिए।

प्रयास करता हूँ, बोलना भी एक तरह का कमिटमेंट है। किसी व्यक्ति ने आपको शादी का निमंत्रण दिया। आपके साले की शादी भी उसी दिन है, फिर भी आपने कहा कि प्रयास करता हूँ। वो आपके लिए होटल में कमरा रखेगा, रास्ता देखेगा, बार-बार फ़ोन करेगा। आप सारी खुदाई एक तरफ और जोरू का भाई एक तरफ की पंचलाइन का पालन करते हुए जा तो पाओगे नहीं। बहाने बनाने में समय ख़राब करोगे और 'हाँ' बोलकर न जाने से सम्बन्ध तो ख़राब होना ही है। अन्त के बजाय शुरुआत में मना करना हमेशा आसान होता है। बेहतर है, आमंत्रण के समय ही पूरी विनम्रता के साथ क्षमा माँग लीजिए। झूठे वादे करने वालों के लिए सिडनी स्मिथ कहते हैं, 'उसने ख़ाली कुओं में बाल्टी डालने में पूरी ज़िन्दगी गुज़ार दी और अब वह उन्हें ऊपर खींचने में अपना बुढ़ापा बर्बाद कर रहा है।'

लाख टके की बात

हम तो बस अपने मिनटों का ध्यान रखें,
घंटे हमारी परवाह ख़ुद कर लेंगे।

6

शार्ट टर्म डेडलाइन

एलन मस्क से एक पत्रकार ने पूछा, 'आपकी सफलता का राज़ क्या है?' एलन मस्क ने कहा, मैं अपनी ज़िन्दगी के गोल अगले दस साल के लिए सेट कर लेता हूँ।' पत्रकार ने कहा, 'इसमें बड़ी बात क्या है। ये तो सब करते हैं।' मस्क ने कहा, 'यहाँ बात खत्म नहीं होती। गोल सेट करने के बाद मैं यह सोचता हूँ कि जो गोल मैंने दस साल के लिए

लिखे हैं, इन्हें एक साल में कैसे पूरा किया जा सकता है?' पत्रकार ने कहा, 'यह तो पागलपन है।' मस्क ने आगे कहा, 'हाँ, हो सकता है, मैंने पचास गोल लिखे हों और एक साल में बीस ही पूरे कर पाऊँ, तीस नहीं कर पाऊँ। पर अगर इन्हें एक साल में पूरा करने का टारगेट न रखता तो यह बीस गोल भी पूरे नहीं कर पाता।'

जो लोग छोटी-छोटी उपलब्धियों में ही खुश होते रहते हैं, वे बड़े काम नहीं कर पाते। एलन मस्क के पास जब पत्रकार इस सूचना के साथ पहुँचे कि वे नई लिस्ट के अनुसार दुनिया के अमीरों की दुनिया के सबसे धनवान व्यक्ति हो गए हैं। मस्क ने कहा, 'अरे वाह, अच्छी खबर है। चलो, दोगुनी गति से काम करके इसे सेलिब्रेट करते हैं।' मस्क ने अपना सैंतालीसवाँ जन्मदिन चौबीस घंटे काम करके मनाया। वे कहते हैं कि आप सोचेंगे कि घर की सफ़ाई करने में एक महीना लगेगा तो यक़ीनन एक महीना लगेगा। आप सोचेंगे कि यह काम पन्द्रह दिन में हो जाएगा तो पन्द्रह दिन लगेंगे। आप सात दिन ही यह सोचोगे तो सात दिन में हो जाएगा। इसमें फ़र्क़ एक ही चीज़ का है—निश्चय। टेसला के पास एक बार पचास हज़ार कार का ऑर्डर आया। इतनी बड़ी संख्या में कारों को डिलीवर करने के लिए एक साल का समय भी कम था, समय मिला था मात्र तीन महीने। इसी बीच टेस्ला में मशीन का एक महत्त्वपूर्ण टूल खराब हो गया, प्लांट रुक गया। टूल फ्रांस में बनता था। बताया गया कि आने में दो दिन का समय लगेगा। मस्क ने कहा, 'दो दिन?' उन्होंने अपना प्राइवेट जेट उठाया, खुद फ्रांस चले गए और शाम तक टूल लेकर वापस आ भी गए। टेसला ने तीन महीने में पचास हजार कार डिलीवर कर दी।

पार्किन्सन का नियम है—काम उतना ही फैल जाता है, जितना उसके

लिए समय होता है। सगाई के बाद शादी के लिए एक साल का समय रखिए। साल भर तैयारी होती रहेगी। 'चट मँगनी, पट ब्याह' की तर्ज़ पर ब्याह की तारीख़ दो महीने बाद की निकाल लीजिए, दो महीने में ही सारी तैयारियाँ हो जाएँगी। वो भी एक साल वाली से बेहतर। शॉर्ट डेड-लाइन बनाइए, देखिए, कैसे फ़ुर्ती आती है। कैसे समय काम में पूरा हो जाता है। मान लीजिए, सामान्यतः हम एक मिनट में आधा किलोमीटर दौड़ पाते हैं लेकिन हमारे पीछे अगर कोई कुत्ता लपक जाए तो हम यह दूरी सेकंडों में पूरी कर लेंगे। डेडलाइन इसी कुत्ते की तरह होती है, पीछे दौड़कर सारे काम जल्दी निपटवा देती है।

लाख टके की बात

सफलता सही समय में फ़ैसले लेने से नहीं
बल्कि सही फ़ैसलों पर समय से
अमल करने से मिलती है।

7

जागत है सो पावत है

हमारे टायर शोरूम पर एक ग्राहक आए, बोले, 'मेरी जेसीबी मशीन सुबह से खड़ी है। मैंने अपने भाई को टायर लेने भेजा था, वे आए नहीं क्या?' मैंने जवाब दिया, 'नहीं।' ग्राहक ने भाई को फ़ोन लगाया, उधर से भाई ने जवाब दिया, 'अरे! टीवी पर मज़दूरों के खदान में फँसने और उन्हें निकालने का समाचार चल रहा था, उसे देखने में लेट हो गया।

बस, जा ही रहा हूँ टायर लेने।' टायर नहीं आने से खुद की मशीन और खदान बन्द हो गई और वो भाई टीवी के सामने बैठकर थाईलैंड की खदान की चिन्ता में लगा है।

सिर्फ़ नींद से उठना ही जागना नहीं होता। अनेक लोग जागते हुए भी सोए रहते हैं। निठल्ले टीवी के सामने बैठ यूक्रेन-रूस, गाजापट्टी-इज़राइल की चिन्ता में दुबले हो रहे हैं। व्हाट्सएप पर कर्नाटक की सरकार बनाने में लगे हैं। दोस्तों के बीच बैठकर पूरे गाँव का ऑडिट कर रहे हैं। कौन-सी पार्टी फेल होने वाली है, किन भाइयों की आपस में नहीं पट रही। काजी जी दुबले क्यों, गाँव की चिन्ता में। दूसरों के लिए जागे ये, खुद के लिए तो सोए हुए ही हैं।

एक राजा ने अपने मंत्री से कहा, 'मुझे पूरी ज़िन्दगी की समझाइश एक किताब में लिखकर ला दीजिए।' मंत्री किताब लिख लाए। राजा ने किताब देखी, कहा, 'इतना समय किसके पास है जो इसे पूरा पढ़े, आप तो एक पेज में लिखकर ला दीजिए।' मंत्री किताब का सारांश एक पेज में लिख लाए। राजा ने पेज देखा, कहा, 'एक पेज भी कहाँ याद रखूँगा, आप तो मुझे ज़िन्दगी का मूल मंत्र एक लाइन में लिखकर ला दीजिए।' मंत्री एक पंक्ति में लिख लाए। वह पंक्ति थी : 'ज़िन्दगी में कोई भी चीज़ मुफ़्त में नहीं मिलती।' जीवन में ऐसा ही होता है। अगर आपने फ्री में किसी से कोई काम करवा लिया तो वह बदले में न जाने कितना मूल्य, कितना बहुमूल्य समय आपका ले लेगा। आपको पता ही नहीं चलेगा।

यदि आप समय का मूल्य नहीं जानते, तो आपका जन्म शोहरत के लिए हुआ ही नहीं है। जब कोई प्रोडक्ट आपको फ्री में मिलता है तो आप

ख़ुद एक प्रोडक्ट हो जाते हैं। सोशल मीडिया आपसे सीधा कोई चार्ज नहीं लेता पर उसमें आने वाले विज्ञापन आपकी जेब ख़ाली करा जाते हैं। हमें यह देखना है कि ये बुद्धू बक्सा, सोशल मीडिया का उपयोग हम कर रहे हैं या वह हमारा उपयोग कर रहा है। इसके लिए हमें जागना होगा—बिस्तर से भी और इन टाइम किलर मशीनों से भी।

लाख टके की बात

ज़िन्दगी ख़्वाब बनकर रह न जाए,
बिस्तर से इतना प्यार न करना
इरादे अगर बुलन्द हों तो मौक़े का
इन्तज़ार मत करना

8

सपनों को अगर करना हो साकार तो पहले दीजिए उन्हें आकार

सपने और लक्ष्य में बड़ा फ़र्क़ है। उतना ही, जितना इच्छा और इरादे में है। हमारा सपना हो सकता है कि ख़ुद का मकान बनाऊँगा। लक्ष्य तब होगा जब हम यह प्रण कर लें कि मकान दिसम्बर, 2025 तक बनाऊँगा, वो भी 3000 वर्ग फ़ीट का। जब भी हम किसी सपने को

न्यूमेरिकल बाउंडेशन में बाँध लेते हैं, वह लक्ष्य हो जाता है।

लक्ष्य तय कर लेने से काम ख़ुद-ब-ख़ुद हमारी तरफ़ बढ़ आता है। एक लक्ष्य को हासिल करना भी दूसरे लक्ष्य की तरफ़ बढ़ने की तरह है। संसार हर उस व्यक्ति को जगह देने के लिए एक तरफ़ हट जाता है, जो जानता है कि वह कहाँ जा रहा है। हमें अर्जुन की भाँति सिर्फ आँख दिखाई देने लगती है। पक्षी, पेड़-पत्ती, गुरु, साथी—सब ओझल हो जाते हैं। मैंने प्रण किया, हर साल सिर्फ़ एक ही पुस्तक लिखनी है—न कम न ज़्यादा। और हर साल उसका विमोचन 24 सितंबर को होगा, वो भी ठीक शाम 07:50 पर। आज 15 साल हो गए, यह शब्द-यज्ञ अचूक चल रहा है। भारत में चुनाव कब होंगे, यह निश्चित नहीं होता। हम महीने या तारीख़ का अन्दाज़ा लगाते रहते हैं। वहीं अमेरिका में देखें तो सबकुछ तय है। जिस वर्ष फरवरी महीना 29 दिन का होगा यानी लीप ईयर में ही चुनाव होंगे। तारीख़ होगी 2 से 8 नवम्बर के बीच आने वाले मंगलवार की।

एक बहुत बड़े कारोबारी थे। जीवन-शैली ऐसी कि देखकर घड़ी के काँटे भी शरमा जाएँ। और कार्यशैली ऐसी कि बड़े-बड़े कॉर्पोरेट भी उनसे रश्क करते। एक बार सुबह-सवेरे शासकीय विभाग का लवाज़मा आकर उनके दरवाज़े पर खड़ा हो गया और जाँच-पड़ताल के लिए वारंट पेश किया। बिना हिचकिचाए पूरे सम्मान के साथ उन्होंने अधिकारियों को बैठाया और अपने सारे कर्मचारियों को बुलाकर कहा, 'ये हमारे अतिथि हैं, इन्हें पूरा सहयोग करना है। हमारे पास छिपाने जैसा तो कुछ है भी नहीं।' यह कहकर उन्होंने अधिकारियों से निवेदन किया, 'सर, दुनिया इधर की उधर हो जाए, मैं प्रतिदिन सुबह दो घंटे व्यायाम के लिए क्लब जाता हूँ। मेरी पूरी टीम आपके हवाले है। आप चाहें तो मेरा मोबाइल भी रख लीजिए।

और ज़रूरी हो तो अपने किसी कर्मचारी को मेरे साथ भेज सकते हैं, मेरे लिए जाना बेहद ज़रूरी है। वे अनुमति लेकर क्लब चले गए।

हम भी अपनी मीटिंग्स, आयोजन, कामकाजों का एक फ़िक्स कैलेंडर बना लें तो जीवन में ख़ुद-ब-ख़ुद समयबद्धता आ ही जाएगी। तय हो जाने के बाद इसमें रिजिड भी होना पड़ता है। फिर भले ही आधे मेम्बर आएँ पर मीटिंग होगी यानी होगी। सलमान खान की फ़िल्म 'वांटेड' में डायलॉग था : 'एक बार मैंने जो कमिटमेंट कर दी, उसके बाद मैं ख़ुद की भी नहीं सुनता।'

जीतने का अर्थ अव्वल आना नहीं होता। इसका मतलब है, हम पहले से बेहतर कर रहे हैं। हमें जब अपने सपनों को लक्ष्य में बदलना आ जाता है तब किन्तु, परन्तु, शायद, देखते हैं, बताते हैं जैसे शब्द हमारी डिक्शनरी से ग़ायब हो जाते हैं। बहानों की किताब को दीमक लग जाती है। जो समय आपको बाँधता था, आपको उसे बाँधना आ जाता है। मार्गरेट बोनानो के अनुसार, अमीर होने का मतलब है : पैसा होना। बेहद अमीर होने का मतलब है : आपके पास समय होना।

लाख टके की बात

जिन्हें सपने देखना अच्छा लगता है, उन्हें रात छोटी लगती है। जिन्हें सपने पूरे करना अच्छा लगता है, उन्हें दिन छोटा लगता है।

9

मीटिंग्स हैं या टाइमपास

मैनेजमेंट के मशहूर अमेरिकी सलाहकार पीटर ड्रकर ने लिखा था : 'अगर किसी संस्था में मैनेजमेंट का 25 प्रतिशत से ज़्यादा समय मीटिंगों में खर्च होता है, तो यह अव्यवस्था की निशानी है।'

सबसे पहले हमें यह देखना चाहिए कि इस विषय पर मीटिंग जरूरी है क्या? हेनरी रॉस पेरा कह गए हैं : 'यदि आपको साँप दिखता है, तो उसे

सपेरा बुलाकर पकड़ लें। साँपों पर कमेटी बैठाने की कोई जरूरत नहीं है।' कई जगह यह भी देखा है कि मीटिंग्स अनावश्यक रूप से लम्बी चलती हैं। वक्ता अपनी बात को जब गहराई के साथ नहीं रख पाता तो उसकी लम्बाई बढ़ाने में लग जाता है। समय-सीमा न होने से तर्क कुतर्क में, संवाद विवाद में बदल जाते हैं। 'क्या सही है' की जगह 'कौन सही है', इसपर बातें होने लगती हैं।

मीटिंग्स किसी संस्थान की प्रगति की सीढ़ी होती हैं। इसलिए इनका प्रभावी मैनेजमेंट बेहद आवश्यक होता है। किसी मीटिंग की आवश्यकता लगे तो सबसे पहले हमारे पास उसका लिखित एजेंडा होना चाहिए, जिसे प्राथमिकता के क्रम में जमा देना चाहिए ताकि मीटिंग शुरू होने पर महत्त्वपूर्ण विषयों पर शुरुआत में ही बात हो जाए। समय ख़त्म हो जाने पर ये विषय बच भी गए तो कम ज़रूरी काम ही होंगे। यह मैसेज़ टीम को क्लीयर चला जाना चाहिए कि मीटिंग के शुरू और ख़त्म होने का समय तय है। मीटिंग्स में केवल उन्हीं सदस्यों को आमंत्रित करें जिनकी आवश्यकता है। ग़ैर-ज़रूरी सदस्यों को सम्मिलित करना पैसा और समय, दोनों की बर्बादी होगी।

किसी भी मीटिंग प्लान से पहले उसमें सम्मिलित होने वाले सदस्यों का प्रत्येक घंटे का वेतन जोड़कर देखना चाहिए। इससे होने वाले डिसीज़न का लाभ मीटिंग पर होने वाले व्यय से अधिक होना चाहिए। उदाहरण के लिए अगर मीटिंग में बैठे सभी 10 सदस्यों की कुल आय पर ₹2000 है तो मीटिंग होने वाला व्यय ₹2000 से अधिक होगा। मीटिंग में होने वाले डिसीज़न से लाभ ₹2000 से अधिक ही होना चाहिए, अन्यथा हमारा मीटिंग करना व्यर्थ है।

मीटिंग्स को वन-वे न रखते हुए इसे टू-वे करें। सुनने से पहले ही बोलना शुरू नहीं कर देना चाहिए। बेस्ट सेलिंग पुस्तक 'व्हाट गॉट यू हियर वांट गेट यू देयर' में मार्शल गोल्डस्मिथ कहते हैं कि मीटिंग्स बुलाकर उस पर हावी होना लीडरशिप के सबसे बड़े दोषों में एक है, इसलिए मीटिंग्स में केवल मुँह लेकर बैठने से अच्छा है कि मुँह और कान, दोनों लेकर बैठें। अन्त भला तो सब भला। कोशिश रहे कि मीटिंग की हैप्पी एंडिंग हो।

लाख टके की बात

ज़्यादा कहना बला है, कम कहना कला है।

10

बिज़ी होना प्रोडक्टिव होना नहीं होता

फिज़िक्स में कार्य की परिभाषा है—किसी वस्तु पर बल लगाने से अगर उसकी स्थिति में कोई परिवर्तन होता है तो ही उसे कार्य कहेंगे। इसका सीधा अर्थ है कि यह कोई व्यक्ति अगर दिन भर किसी दीवार पर धक्का लगाता है तो इसका अर्थ यह नहीं होगा कि उसने कोई कार्य

किया है। गति और प्रगति में गफ़लत न करें। बच्चों का एक खिलौना होता है, आगे-पीछे हिलने वाला घोड़ा। यह गति तो करता है, लेकिन प्रगति नहीं।

'आ बैल, मुझे मार', कई बार हम लगातार ग़ैर-ज़रूरी ज़िम्मेदारियाँ लेते जाते हैं और व्यस्त हो जाते हैं, जिससे हमारे ज़रूरी काम छूट जाते हैं। डेल कार्नेगी कहते हैं कि पहले कठिन काम पूरे करें, आसान काम ख़ुद-ब-ख़ुद पूरे हो जाएँगे। इसके लिए हमें नॉन निगोशिएबल स्टैंडर्ड तय करने चाहिए और कामों की प्राथमिकता सेट करनी चाहिए। हमारी दिनचर्या के कार्यों को कुशलता से करने के लिए हमें कामों को ए से ई तक, उनकी प्राथमिकता के अनुसार जमा लेना चाहिए, जो निम्न प्रकार से रहेगा :

- ए—काम महत्त्वपूर्ण है जिसके पूर्ण न होने पर परिणाम गम्भीर होंगे।
- बी—काम ज़रूरी है लेकिन 'ए' जितना नहीं। इसलिए जब तक 'ए' पूर्ण नहीं हो जाता, 'बी' की ओर न बढ़ें।
- सी—इसमें वे काम आते हैं जिन्हें करना अच्छा होता है। लेकिन इनके कोई सकारात्मक या नकारात्मक प्रभाव नहीं होते।
- डी—इसमें वे काम आएँगे जिन्हें आप पूरी तरह से किसी और को सौंप सकते हैं, जिससे आपको 'ए' से सम्बन्धित कार्य करने के लिए भरपूर समय मिल सकता है।
- ई—इसमें वे काम आएँगे जिन्हें पूरी तरह से छोड़ देने में ही हमारी भलाई है। क्योंकि इन्हें करना अब हमारे लिए आवश्यक नहीं है।

इसके अलावा एक और तकनीक है, जो हमारे लिए बहुत मददगार हो सकती है, वह है—एक्स-वाय तालिका। करना यह है कि हमें अपने सारे कामों को एक्स और वाय, दो वर्गों में बाँटना है। एक्स में वह काम आएँगे जो हमें लक्ष्य तक ले जाने में मददगार होंगे और वाय में वह काम आएँगे जो हमें लक्ष्यों से दूर ले जाते हैं। जीवन को बदलने का एक ही नियम अब शेष रह जाता है, केवल 'एक्स' सूची के काम करना। अपने-आपको अनुशासित करें कि आप वही काम करेंगे जो आपको लक्ष्य की ओर जाने में मदद करते हैं।

सन 1918 की बात है। चार्ल्स एम. श्वाब दुनिया के सबसे अमीर लोगों में शामिल थे। उन्होंने अपनी टीम की कार्यक्षमता बढ़ाने के लिए प्रोडक्टिविटी कंसल्टेंट आई वी ली की सलाह ली। उन्होंने ली से फ़ीस के बारे में पूछा। ली ने कहा, 'एक नया प्रयोग करते हैं, फ़ीस आप सफल हो जाने के बाद स्वेच्छा से दे दीजिएगा।' ली ने टीम के साथ बैठकर उन्हें एक रुटीन सुझाया और कहा, 'दिन के अन्त में अगले दिन किये जाने वाले 6 जरूरी टास्क लिखें। सबसे ज़रूरी सबसे ऊपर लिखें और उन पर फोकस करें और जब तक वह ख़त्म नहीं हो जाता, दूसरा काम शुरू न करें। तीन महीने में श्वाब अपनी टीम की प्रोग्रेस से इतने ख़ुश हुए कि उन्होंने ली को उस ज़माने में 25 हजार डॉलर का चेक दिया। इस तकनीक को अब पूरी दुनिया अपनाती है और नाम भी है : द आई वी ली मैथड।

सिर्फ़ व्यस्त होना पर्याप्त नहीं है। व्यस्त तो चींटियाँ भी रहती हैं। सवाल यह है कि हम किन चीज़ों में व्यस्त हैं। कोई भी कार्य करने से पहले ख़ुद से पूछें—यह कार्य मेरे लिए कितना ज़रूरी है। अगर ज़रूरी नहीं

है तो बस 'मना कर दीजिए'। बात फिज़िक्स से शुरू हुई थी तो आइए, उसी से ख़त्म करते हैं। बात है तो मज़ाक़िया पर कई बार ये लाइन काम कर जाती है। फिज़िक्स में कहते हैं 'किसी चीज़ को उठाने की तुलना में सरकाना ज़्यादा आसान होता है। ज़िम्मेदारी भी उनमें से एक है।'

लाख टके की बात

दुखी वे नहीं हैं जो व्यस्त हैं,
दुखी वे हैं जो अस्त-व्यस्त हैं।

11

समय बचाओ नहीं, बनाओ

हमारे पास दो ख़बरें हैं : एक अच्छी और दूसरी बुरी। बुरी ख़बर यह है कि हमारे पास एक दिन में केवल 24 घंटे हैं और हम इन्हें बढ़ा नहीं सकते। अच्छी ख़बर यह है कि ये 24 घंटे ही बहुत हैं और हम इनकी मदद से कई अतिरिक्त घंटे बना सकते हैं। हमारे पास एक दिन में उतने ही घंटे हैं, जितने हेलन केलर, मदर टेरेसा, लियोनार्डो द विंची

और अल्बर्ट आइंस्टीन के पास थे। चार्ल्स रिचड्‌र्स के अनुसार : एक व्यक्ति साल भर में केवल एक सप्ताह का मूल्य प्राप्त करता है, जबकि दूसरा व्यक्ति एक सप्ताह में ही पूरे साल का मूल्य प्राप्त कर लेता है। टाइम सेवर बनने से बेहतर है, टाइम क्रियेटर बनना। समय पर केवल उन्हीं का अधिकार है जिनके पास उसे बनाने का हुनर है।

सायरस मिस्त्री से एक बार किसी ने पूछा, 'आप टाटा ग्रुप की इतनी सारी कंपनियों को एक साथ कैसे सँभाल पाते हैं?' उनका जवाब था, 'मैं जब टाइटन में होता हूँ तो पूरा टाइटन में होता हूँ। तनिष्क में होता हूँ तो पूरा तनिष्क में होता हूँ। हम हमेशा घालमेल करते रहते हैं। व्यावसायिक स्थल पर निजी सम्बन्धों को निभाने लगते हैं। आपसदारी के काम करने लगते हैं। व्यक्तिगत समय में व्यवसाय की चिन्ता करते रहते हैं। नतीजन दोनों जगह अपना शत-प्रतिशत नहीं दे पाते।'

आइए, देखते हैं, टाइम क्रियेटर कैसे बना जा सकता है :

- अपने निजी सम्बन्धों को कार्यक्षेत्र से दूर रखना चाहिए।
- जब हम अपने संस्थान से बाहर हैं, तो व्यावसायिक काम और कॉल्स अपनी टीम को डाइवर्ट कर सकते हैं।
- मेल्स, मैसेज़ेस पूरे दिन ओपन न रखें।
- अपने कार्यक्षेत्र पर पर्सनल मेल्स या मैसेंजर का उपयोग नहीं करें।
- काम करते समय ग़ैर-ज़रूरी कॉल्स न उठाएँ।

एक रिसर्च से पता चलता है कि कार्यक्षेत्र पर पर्सनल कॉलिंग न करके हम दिन के 30 मिनट बचा सकते हैं। निजी समय में व्यवसाय को इंटरटेन

न करके 30 मिनट, कार्यक्षेत्र पर तय समय पर ही मैसेज और मेल्स चेक करके 60 मिनट, कार्यक्षेत्र पर निजी फेसबुक, इंस्टाग्राम, मैसेंजर का इस्तेमाल न करके 60 मिनट और ग़ैर-ज़रूरी कॉल्स को अटेंड न करके हम दिन के 60 मिनट बचा सकते हैं।

यानी एक दिन के 24 घंटे में अतिरिक्त 4 घंटे साल के 365 दिन में 52 रविवार को हटा दें तो 313 दिन बचते हैं, जिनमें 4 घंटे प्रतिदिन के हिसाब से गुणा करके हमारे पास कुल 1252 घंटे अतिरिक्त आते हैं। इसका सीधा अर्थ हुआ कि हम इन ग़ैर-ज़रूरी एक्टिविटी को न करके साल के 1252 घंटे या कहें कि कुल 52 दिन का काम अतिरिक्त काम कर सकते हैं। कार्यक्षेत्र पर इन आदतों को अपनाकर देखिए, समय ख़ुद-ब-ख़ुद बन जाएगा।

सन्देश यह है : जीवन में प्रोफेशनल और पर्सनल सम्बन्ध अलग-अलग होने चाहिए। कई बार रास्ते चलते कुछ अच्छी लाइनें पढ़ने में आ जाती हैं। एक ट्रक के पीछे लिखा था : 'बन्दगी मालिक से कर, बन्दे से नहीं; दोस्ती मुझसे कर, धंधे से नहीं।'

लाख टके की बात

वो लोग जीवन में हमेशा आगे रहते हैं
जिन्हें यह पता होता है कि कब और
कहाँ पीछे रहना है।

12

ख़ामोश है ज़माना सारा
चारों ओर बस मोबाइल का शोर है

विज्ञान वरदान भी है और अभिशाप भी। बचपन में इसी विषय पर निबन्ध हम सब लिखते थे। तकनीक ने हमारा समय बचा दिया है। हम उस समय का सदुपयोग कर रहे हैं या दुरुपयोग, यह हमारे हाथ में है। आजकल यूथ का एवरेज 8.30 घंटे का समय स्क्रीनिंग में जा रहा है।

इंटरनेट का इस्तेमाल न करने वाले हमारे पूर्वजों ने क्या कभी सोचा होगा कि भविष्य में जीवन इतना आसान होने वाला है? बटन दबाओ, ठंडी हवा खाओ। इधर ऑनलाइन ऑर्डर, उधर तुरन्त खाना हाज़िर, क़तार में लगने से छुटकारा। न जाने कितने काम, विज्ञान की बदौलत चुटकियों में निपटने लगे हैं। कहते हैं, विज्ञान एक अच्छा सर्वेंट है, एक बहुत बुरा मास्टर भी है। इसका सीमित उपयोग हमारा समय भी बचाएगा और शरीर भी।

मोबाइल आया और हमारी गेंद चुराकर ले गया। मेलजोल, रचनाधर्मिता, कलाकारी, नये प्रयोग, न जाने क्या-क्या इस मोबाइल की बलि चढ़ गए। फ़िज़ूल की स्टोरी, रील देखकर हम क्या हासिल कर रहे हैं? हम समझ नहीं पाते, हम सोशल मीडिया के लिए एक प्रोडक्ट बन जाते हैं। वो हमारा समय और पैसा, दोनों ख़त्म करता जाता है। हम कितने ही लोगों को दिन भर फ़ोन में मशगूल देखते हैं। उन्हें पता ही नहीं चलता और पूरा दिन हाथ से फिसल जाता है। जागिए। तकनीक का उपयोग तब तक ही कीजिए, जब तक ये हमारे समय को बचाए। जैसे ही यह हमारा टाइम किल करने पर आतुर हो जाए, इससे हाथ जोड़ लेने में ही भलाई है।

नई पीढ़ी का दोष इसमें जितना है, उतना ही हमारा यानी पुरानी पीढ़ी का भी है। हमने बच्चों को लाइक करना बन्द कर दिया है। उनकी गतिविधियों में रुचि लेना, उनसे बतियाना और उनकी उपलब्धियों को लाइक करने का समय हमारे पास नहीं है। नतीजतन वे फ़ेसबुक पर

लाइक्स ढूँढ रहे हैं। हमें चाहिए कि बच्चों एवं परिवार को अपना समय दें, वरना वे अपना समय सोशल मीडिया को दे देंगे।

लाख टके की बात

कुछ समय बैठा करो बुज़ुर्गों के पास भी,
हर चीज़ गूगल पर नहीं मिलती।

13

समय बचाना जापान से सीखें

बेहद पुराना वाकया है। बुरहानपुर के एक वरिष्ठ नागरिक थे, मिलन मिठाई के श्री नन्द किशोर जी देवड़ा। एक बार खंडवा मुझसे मिलने आए। मेरे टेबल पर बेतरतीब रजिस्टरों का जखीरा रखा हुआ था। उनकी नज़र इस जखीरा पर पड़ी और वे कहने लगे, 'अरे वाह! तुम इतने सारे रजिस्टरों पर एक साथ काम कर लेते हो?' मैंने उत्तर दिया, 'नहीं, एक

बार में एक पर ही काम कर पाता हूँ।' उन्होंने कहा, 'तो मेरे भाई, जिस पर काम कर रहे हो; टेबल पर सिर्फ़ उसे रखिए, बाक़ी सब अलमारी में। इतनी बिखरी हुई चीज़ें आपके आसपास रखी हैं, ये न चाहते हुए भी यह सन्देश दे रही हैं कि आपका जीवन अस्त-व्यस्त है।' इससे मुझे जीवन भर के लिए एक महत्त्वपूर्ण सबक मिल गया।

हमारा कैबिन, टेबल, ड्रॉइंग रूम, हमारे व्यक्तित्व का आईना होता है। यह जितना साफ होगा, हमारा व्यक्तित्व उतना ही निखरकर दिखेगा। वास्तुशास्त्र भी अनुपयोगी चीजों को रखना, प्रगति में बाधा बताता है।

जब जापान जाना हुआ तो वहाँ की एक तकनीक ने मुझे बेहद प्रभावित किया। हमने अपने संस्थान पर इसे लागू किया। टीम को इसे पूरा करने पर अवॉर्ड दिये। इससे बेहतरीन परिणाम सामने आए। इस तकनीक का नाम है—फाइव एस। इसका उपयोग करके वे अपना व्यावसायिक और निजी, दोनों जीवन आसान बना लेते हैं। कम समय में अधिक गुणवत्ता वाले काम कर पाते हैं। आइए, जानते हैं इसके बारे में :

- 1S. सेईरी—बिना काम की चीजें छाँटना,
- 2S. सेईतोन—चीजों को व्यवस्थित करके नियत स्थान पर रखना,
- 3S. सेइसो—साफ़-सफ़ाई का ध्यान रखना,
- 4S. सेईकेत्सु—वस्तुओं का उचित मानकीकरण करना, उन पर टैग्स लगाना,
- 5S. शित्शुके—आत्मानुशासन, काम को टालें नहीं।

अव्यवस्था का आम उदाहरण है किसी काग़ज़ या फ़ाइल का न मिलना। अमूमन कर्मचारी किसी काग़ज़ या फ़ाइल को खोजने में हर दिन लगभग 30 मिनट बर्बाद करते हैं। कारण—चीज़ों को सही जगह पर न रखना। अन्त में वह चीज़ ऐसी जगह मिलती है, जहाँ उसे नहीं होना चाहिए था। हम डॉक्टर के बारे में सोचें, वह कैंची की जगह चाकू रख लें तो मरीज़ का क्या होगा? आजकल शीर्ष पेशेवर लोग अपने कामकाज की जगह इसी तकनीक का उपयोग करके अपने क़ीमती समय को बचाते हैं।

वर्तमान इतिहास के सबसे सफल उद्यमियों में से एक ने कहा है कि 'हमेशा साफ़ डेस्क पर काम करना' उनकी सफलता की कुंजी है। उस पल वे जिस एक चीज़ पर काम कर रहे होते हैं, उसे छोड़कर बाक़ी चीज़ें वहाँ से हटा देते हैं। इससे वे अपने काम पर स्पष्टता के साथ ध्यान केंद्रित करने में सक्षम होते हैं।

अपने टेबल, कैबिन, फ़ोन, कंप्यूटर के साथ ही अपने दिमाग़ से भी फ़ालतू चीज़ें हटाइए। समय तो बचेगा ही, आस-पास का माहौल भी ख़ुशनुमा हो जाएगा।

लाख टके की बात

समय के पास इतना समय नहीं है कि वह आपको दोबारा समय दे सके।

14

बोलकर हर बात का मातम करें
इससे बेहतर है कि गॉसिप कम करें

सुप्रसिद्ध लेखक टॉल्स्टॉय के पास एक दोस्त आया। कहने लगा, 'मुझे एक चटपटी बात पता लगी है। तुम्हारे पास 10 मिनट हों तो सुनाऊँ, सुनकर मजा आ जाएगा।' टॉल्स्टॉय ने कहा, 'दस मिनट नहीं, आधा घंटा दे दूँगा। यह तो बताओ कि इस बात को सुनकर मेरा कुछ

फायदा होगा?' जवाब मिला, 'नहीं।' टॉल्स्टॉय ने फिर पूछा, 'अच्छा, इसे सुनकर समाज का कोई फायदा होगा?' जवाब 'नहीं' में ही आया। टॉल्स्टॉय ने तीसरा प्रश्न किया, 'अच्छा, यह बतलाओ कि अगर मैं यह बात नहीं सुनूँ, तो मेरा कोई नुकसान तो नहीं हो जाएगा?' इस बार भी वही जवाब मिला, 'नहीं।' टॉल्स्टॉय ने मित्र से क्षमायाचना करते हुए कहा, 'आपकी वह बात कितनी भी रोचक हो, उसमें मेरी कोई रुचि नहीं है। वाकये का सीधा-सा आशय है : किसी के मकान की दरारों में ताक-झाँककर हमें क्या मिलेगा?

भारत में एक आदमी की औसत उम्र है 68 साल। इसमें से लगभग 10 साल बचपन के, 28 साल सोने में, 3 साल एजुकेशन में, 8 साल नित्य कर्म, 10 साल रोजगार के घटा दें तो उसके हाथ बचते हैं 9 साल यानी सिर्फ 78,000 घंटे। इसमें से अपनी अभी तक बीत चुकी उम्र को घटाकर चेक कर लीजिए, आपके पास कितने घंटे का समय शेष है। अगर व्यक्ति 68 साल की उम्र होने पर मर रहा है, तो इसका मतलब यह नहीं है कि वह 68 साल में मरा। वह तो प्रतिवर्ष 1/68 के हिसाब से मर रहा है। ज़िन्दगी का दूसरा नाम वक़्त है। वो गुज़र रहा है यानी ज़िन्दगी गुज़र रही है।

जहाँ तक शरीर के रख-रखाव का सवाल है तो सोचिए, आपको दिल का दौरा पड़ चुका है। उस हिसाब से खान-पान और जीवनचर्या तय करें। मस्तिष्क के हिसाब से सोचिए, आपकी पेशेवर ज़िन्दगी के सिर्फ़ दो साल बचे हैं। उस हिसाब से प्लानिंग कर लीजिए। जहाँ तक दिल की बात है, मानकर चलिए कि आपकी हर बात दूसरों तक पहुँचती है। लोग छिपकर आपकी बातें सुन सकते हैं। इसे ध्यान में रखकर बोलिए।

जब धर्म और मज़हब की बात आए तो यह मानकर परोपकार कीजिए कि हर तीन महीने में आपका हिसाब होने वाला है। आप रास्ते से नहीं भटक सकते।

टॉल्स्टॉय की तरह हमें अपने जीवन में आने वाली मंथरा या शकुनि से बचना होगा। गॉसिप में तारीफ़ कम, बुराई ज़्यादा होती है, जो हमें नकारात्मकता की ओर ले जाती है। हमारे पास आकर दूसरों की बुराई करने वाला यक़ीनन दूसरों के पास जाकर हमारी बुराई करेगा। बातें यात्रा करती हैं। हमारी प्रतिक्रिया नमक-मिर्ची लगाकर, चार गुना होकर सम्बन्धित लोगों तक पहुँच ही जाती है। चिंदी का साँप बन जाता है। यह नेगेटिव टाइम पास है। दुनिया में इससे ज़्यादा दयनीय शब्द कोई नहीं हो सकता। इसकी चिन्ता ज़रूर कीजिए कि वे आठ घंटे कहाँ चले जाते हैं, जो आठ घंटे की नींद और आठ घंटे की नौकरी के बाद हमारे पास बचते हैं।

लाख टके की बात

ऐसी-वैसी बातों से तो ख़ामोशी ही अच्छी है
या फिर ऐसी बात करें जो
ख़ामोशी से अच्छी है

15

टाइम पंक्चुएलिटी के ब्रांड एम्बेसेडर आप ख़ुद बन जाइए

हम पिछले पन्द्रह सालों से लगातार 24 सितम्बर को एक पुस्तक का विमोचन समारोह आयोजित करते आ रहे हैं। समय भी तय है, शाम ठीक 07:50 से 10:50। इसमें देश के ख्यातनाम कवि और शायर आते हैं। पहले साल शाम 07:50 पर हॉल में चुनिंदा लोग थे। हमने कार्यक्रम

ठीक समय पर शुरू कर दिया। अगले साल समय पर पर्याप्त उपस्थिति हो गई। अब यह आलम है कि साढ़े सात बजे ही परिसर खचाखच भर जाता है। लोगों को यह डर हो गया है कि हम ज़रा भी लेट हुए तो जगह नहीं मिलेगी। एक साल तत्कालीन कलेक्टर महोदय का 07:45 पर फ़ोन आया, मैं सपरिवार 08:15 तक आ पाऊँगा। मैंने विनम्रतापूर्वक निवेदन किया, 'आदरणीय, आप सभी के लिए अग्रिम पंक्ति में स्थान सुरक्षित है। आप अपनी सुविधा से आइए। क्षमा चाहता हूँ, कार्यक्रम ठीक 07:50 पर प्रारंभ हो जाएगा। आयोजन समय पर खत्म करना है, यह भी तय है।' एक बार कार्यक्रम पूरे शबाब पर था, चाहते तो एक घंटा और चलता। भाई कुमार विश्वास कविता पढ़ रहे थे, उनसे निवेदन कर कवि-सम्मेलन ठीक 10:50 पर समाप्त कर दिया गया।

सन् 2019 का वाकया है। इंदौर के खेल प्रशाल में तत्कालीन गृहमंत्री के हाथों आई. आई. एम. के डायरेक्टर और अन्य तेरह लोगों का सम्मान होना था। मंत्री जी लेट हो रहे थे। डायरेक्टर महोदय समय के पाबन्द थे। उन्होंने आयोजकों से अनुरोध किया और एक घंटे बाद मंत्री जी के पहुँचने से पहले ही वे अन्य अतिथियों के हाथों सम्मानित होकर आई. आई. एम. के लिए निकल गए।

कभी सोचा है, वही देश, वही लेट-लतीफ़ लोग किसी के उठावने में, रेल या फ़्लाइट पकड़ने में, थियेटर में बिलकुल समय से पहुँच जाते हैं, ऐसा क्यों? क्योंकि यहाँ डर है कि अगर समय से नहीं पहुँचे तो मामला हाथ से निकल जाएगा। तुलसीदास जी सदियों पहले लिख गये हैं : 'भय बिनु होइ न प्रीति'। जब तक डर नहीं होता, प्यार नहीं होता। आप अपने आयोजनों को समय से कीजिए। ख़ुद-ब-ख़ुद आपकी इमेज घड़ी से

चलने वाले की हो जाएगी। मुझे अगर कोई आमंत्रण देने आता है तो मैं पूरी विनम्रता के साथ उससे पूछ लेता हूँ, 'कृपया मुझे सही समय बतला दीजिए।' मेजबान शरमाते हुए बोल ही देता है, 'कार्ड में तो 9 बजे का समय लिखा है, आप 11 बजे आइएगा।' अनेक जगह सम्बोधन के लिए जाना होता है, मैं उनसे भी समझ लेता हूँ कि 'प्लीज़, मुझे बतला दीजिए, मुझे कितने बजे आना है और आप मुझे कितनी देर में फ्री कर देंगे?'

किसी चीज में दिलचस्पी पैदा करनी हो तो लगातार उसे देखते रहिए। मेरा मानना है कि जब कोई लगातार आसमान की तरफ देखता है तो एक दिन उसे पंख जरूर लग जाते हैं। अपने आसपास के लेट-लतीफ़ लोगों को सुधारने का पूरा प्रयास कीजिए, फिर भी अगर वे उलटे मटके हो गए हैं तो हम कम-से-कम ख़ुद को तो समयबद्ध बना ही सकते हैं। घड़ी को देखते ही न रहें, बल्कि वही करें जो वह करती है—चलते रहिए। लोग आपको पहचान जाएँगे। बाक़ी के साथ उनका जो भी सलूक हो, आपके समय की वे क़द्र करने लगेंगे।

लाख टके की बात

बोले या लिखे गए सबसे दुखद वाक्यों में से एक है—मैं यह कर सकता था।

16

अनिर्णायक लोगों के लिए ही की गई है, 'कल' शब्द की खोज

बैंक में उस दिन भी बहुत भीड़ थी। मैनेजर के सामने फ़ाइलों का अंबार और मिलने वालों की क़तार थी। मैं एक सर्टिफिकेट लेने के लिए गया था। मुझे देखते ही उन्होंने आवाज़ दी और बैठाया। मैंने अपने आने का मक़सद बताया और कहा कि 'सर्टिफिकेट आज ही मिले, ज़रूरी

नहीं है। आप सहूलियत से कल-परसों कभी भी बनवा देना।' उन्होंने चपरासी को चाय और सर्टिफिकेट वाली फ़ाइल लाने के लिए कहा। उन्होंने आगे कहा, 'देखिए भाई साहब, सर्टिफिकेट कल भी मुझे ही बनाना है। भीड़ कल भी इतनी ही रहनी है इसलिए मैं आज के काम को कल पर नहीं टालता। आप बुरा मत मानना...आप कल फिर इस काम के लिए आएँगे, आपका समय जाएगा।'

अगर हम उस पल का इन्तजार करेंगे जब एक-एक करके हर चीज अनुकूल होगी तो हम शुरू ही नहीं कर पाएँगे। कुछ काम अपरिहार्य होते हैं, यानी कि करने भी होंगे और हमें ही करने होंगे। फिर उसे पेंडिंग लिस्ट में डालकर क्या फ़ायदा। ख़त्म करो, काम भी और दिमाग़ का लोड भी। हमारे पास होंडा टू-व्हीलर की डीलरशिप है। कम्पनी से जब भी कोई मेल आता है तो उसमें रिप्लाय देने की समय-सीमा फिक्स होती है। उदाहरण के लिए ग्यारह बजे मेल आया, जिसमें कुछ डाटा फिल करना है और तीन बजे के पहले देना है। ऐसा मेल पढ़कर पहले कोफ़्त होती थी। फिर सोचा, काम पन्द्रह मिनट का है, अभी करें या शाम को, समय उतना ही लगना है और कम्पनी ने तो हमें चार घंटे का मौक़ा भी दिया है। तो क्यों न रिप्लाय कर फ्री हो जाएँ? जब तुरन्त रिप्लाय करने की आदत बना ली तो वह आसान लगने लगी। बिजली, फ़ोन का बिल आते ही पेमेंट भेज देने की आदत हो गई है। लास्ट डेट तक क्यों रुकें?

अरुचिकर कामों को टालना हम सभी को अच्छा लगता है। एक्सरसाइज़ करना, पढ़ना, सुनना, जागना, मेहनत करना किसी को अच्छा नहीं लगता लेकिन करना पड़ता है। आप इतिहास उठाकर देख लें। सफल लोगों ने वो किया जो उन्हें पसन्द नहीं था। इसके बदले उन्हें वो मिला जो उन्हें

पसन्द था और असफल लोगों ने वो किया जो उन्हें पसन्द था। इसके बदले उन्हें वो मिला जो उन्हें नापसन्द था। हमारी भलाई इसी में है कि अपनी टालने की आदत को हमेशा के लिए टाल दें।

लाख टके की बात

देरी से मिलने वाली ख़ुशी से बुरा कुछ नहीं हो सकता। देरी से किया गया न्याय भी अन्याय की शक्ल ले लेता है।

17

समय से आगे देखिए

सन् 1977 की बात है। भारत में जनता पार्टी की सरकार बनी। श्री मोरारजी देसाई प्रधानमंत्री बने। शराब से उन्हें सख्त नफरत थी। देश में नशाबन्दी का माहौल बना। तमाम शराब फैक्टरियाँ बन्द होकर बिकने लगीं। विट्ठल माल्या (विजय माल्या के पिता) उस समय छोटे व्यवसायी थे, वे तकलीफ़ में आ गए। तत्कालीन कैबिनेट मंत्री चौधरी चरणसिंह

और राजनारायण की पटरी मोरारजी से नहीं बैठ रही थी। विट्ठल माल्या ने यह भाँप लिया कि ये इस मिलीजुली सरकार को ज़्यादा दिन चलने नहीं देंगे। विट्ठल माल्या ने इधर-उधर से पैसे जुगाड़े और औने-पौने दाम में बिक रही शराब फैक्टरियाँ खरीदना प्रारम्भ कर दीं। सारा ज़माना माल्या को दिमाग़ी दिवालिया करार दे रहा था। उनका ख़रीदी अभियान निर्बाध चलता रहा। उन्नीस महीने में ही मोरारजी सरकार गिरी और नई सरकार आ गई। नशाबन्दी समाप्त हो गई। विट्ठल माल्या शराब उद्योग के बेताज बादशाह बन गए। न तो यह धंधा अच्छा है, न ही माल्या ग्रुप। शायद इसीलिए यह आज वापस गर्त में चला गया है। पर समय से आगे देखना इसी को कहते हैं।

शेयर मार्केट से दुनिया के सबसे बड़े रईस बने वारेन बफेट हमेशा कहते हैं, 'जब दुनिया खरीदे, आप बेचनेवाले बनिये; जब दुनिया बेचे, आप ख़रीददार बन जाइए।' जरूरी नहीं कि हमेशा यह फ़ार्मूला सही ही बैठता है पर यह तय है कि इतिहास तो हमेशा लीक से हटकर चलने वालों ने ही लिखा है। कोरोना के क़हर में अधिकांश लोग रिएक्ट करते रह गए। कम्पनियाँ ऐसी भी हैं जिन्होंने एक्ट किया। आपदा में अवसर ढूँढा और आगे निकल गई। जब परिस्थिति बदलती है तो रणनीति बदलने में कोई बुराई नहीं है।

वॉल्ट डिज़्नी ने दुनिया का सबसे पहला एम्यूजमेंट पार्क डिज़्नीलैंड बनाना प्रारम्भ किया। बनकर पूरा होता, इससे पहले ही वे चल बसे। डिज़्नीलैंड के उद्घाटन में दुनिया भर के सेलिब्रिटीज़ एकत्र हुए। सभी अपने सम्बोधन में कह रहे थे कि आज डिज़्नी ज़िन्दा होते तो इस पार्क को देखकर कितना खुश होते! अन्त में विशेष सम्बोधन के लिए उनकी

पत्नी को बुलाया गया। उन्होंने कहा, 'आप वॉल्ट डिज़्नी के न होने पर दुखी मत होइए। आप जो इस पार्क को आज देख रहे हैं, डिज़्नी की आँखों ने तो इसे बरसों पहले देख लिया था। दीवार के इस तरफ सभी देख लेते हैं, बात तो उनकी है जो दीवार के पार देख लेते हैं।'

कैलिफोर्निया में योसेमाइट नेशनल पार्क का प्रबन्धन सँभालने के लिए विश्व भर की कम्पनियों को आमंत्रित किया गया। सभी से बिजनेस प्लान पेश करने को कहा गया। उम्मीद थी कि वे लोग एक-दो साल का बिजनेस प्लान पेश करेंगे। एक जापानी कम्पनी ने 250 साल का बिजनेस प्लान पेश किया। इसे देखकर अमेरिका वालों के होश उड़ गए।

पीटर टुर्ला कहते हैं कि बिना किसी योजना के जीवन जीना किसी दूसरे व्यक्ति के साथ टेलीविज़न देखने जैसा है, जिसके हाथ में रिमोट कंट्रोल हो।

प्रभु आँखें सबको देता है लेकिन दृष्टि सीमित लोगों को ही मिलती है। कुछ लोग समय से पीछे चलते हैं, कुछ समय के साथ। टाइम डाइटिंग को जीवन में उतार लेने वाले प्रभु से समय से आगे देख पाने की दिव्य दृष्टि पा लेते हैं। कोशिश कीजिए समय से आगे देखने की।

लाख टके की बात

तरक़्क़ियों की दौड़ में उसी का दौर चल गया,
बना के अपना रास्ता जो भीड़ से निकल गया।

18

विश्वास समय का साधक है, अंधविश्वास बाधक

यूँ तो वे पान वाले थे, लेकिन दर्शन हो या साहित्य, हर विषय पर बात करने में उन्हें बड़ा मज़ा आता था। एक दिन अचानक कर्म और भाग्य पर बात शुरू हो गई। हमने भी सोचा कि आज इनकी फ़िलॉसफ़ी देख लेते हैं। कम-से-कम आगे से दिमाग़ चाटना तो बन्द कर ही देंगे। सवाल

था : 'बताओ, आदमी मेहनत से आगे बढ़ता है या भाग्य से?' उनके जवाब ने हमें चकित कर दिया। हमारे दिमाग़ के जाले साफ़ हो गए।

कहने लगे, 'किसी बैंक में आपका कोई लॉकर तो होगा ही। उसकी चाबियाँ ही हैं इस सवाल का जवाब। हर लॉकर की दो चाबी होती हैं। एक अपने पास और दूसरी मैनेजर के पास। अपने पास जो चाबी है, वह है परिश्रम। मैनेजर के पास वाली चाबी भाग्य है। जब तक दोनों चाबियाँ एकसाथ नहीं लगतीं, ताला नहीं खुल सकता। आप कर्मयोगी पुरुष हैं और मैनेजर भगवान। अपन को अपनी चाबी लगाते रहना चाहिए, पता नहीं ऊपर वाला कब अपनी चाबी लगा दे! ऐसा न हो कि भगवान अपनी भाग्य वाली चाबी लगा रहा हो! हम परिश्रम वाली चाबी लगाने में देर कर दें और ताला खुलने से रह जाए।' तय है कि सौभाग्य को ढूँढना है तो वह परिश्रम के साथ ही खड़ा नज़र आएगा।

कनाडाई फिल्म-निर्माता जेम्स कैमरून कहते हैं, 'उम्मीद कोई रणनीति नहीं है, भाग्य कोई कारक नहीं है और डर का कोई विकल्प नहीं है। इन दिनों समय खराब चल रहा है, साढ़े साती है, मुहूर्त नहीं है। अमावस्या को नहीं जा पाऊँगा, शनिवार ख़राब है। बारह बजे निकलना ठीक नहीं होता है। अभी मीटिंग प्लान मत कीजिए, चौघड़िया खराब है।' ऐसी बातें आपको-हमको प्रतिदिन सुनने को मिलती हैं। सबकी अपनी-अपनी मान्यताएँ हैं। किसी की आस्था को ठेस पहुँचाएँ, यह अच्छा नहीं है। पर समय किसी का इन्तज़ार नहीं करता। यह सोचना होगा कि इस तरह की बातों से हुई देरी के कारण समय या मौक़ा कहीं हमारे हाथ से तो नहीं निकल जाएगा?

एक व्यक्ति अपने घर में बैठा था, बाहर से दरवाजा खटखटाने की आवाज आई। उसने सुनकर भी अनसुना कर दिया। कुछ क्षण बाद दोबारा खटखटाने की आवाज आई। इस बार व्यक्ति ने पूछा, 'कौन है?' बाहर से जवाब आया, 'मैं समय हूँ।' व्यक्ति ने कुछ देर सोचा फिर कहा, 'आप झूठ बोल रहे हैं। आप समय नहीं हो सकते क्योंकि समय दोबारा पलटकर नहीं आता।'

लाख टके की बात

मत ढूँढो अपने हाथों की लकीरों में अपनी
तक़दीर को, नसीब उनके भी होते हैं
जिनके हाथ नहीं होते।

19

समय के प्रहरी ख़ुद बनिए

स्कूल पहुँचने में देर हो गई थी। शिक्षक महोदय ने मुझे और मेरे जैसे देर से आने वाले सारे विद्यार्थियों से कहा, ग्राउंड के चार राउंड लगाइए। हम दौड़ पड़े। अचानक नज़र गई कि वो बुज़ुर्ग शिक्षक भी हमारे पीछे-पीछे दौड़ रहे हैं। हाँफ रहे हैं, लेकिन हौसला पूरा बरकरार है। हमने कहा, 'सर, आप क्यों दौड़ रहे हैं?' उन्होंने कहा, 'लाख बार

समझाइश के बाद भी मैं अपने छात्रों को समय की महत्ता नहीं समझा पा रहा हूँ। इसका मतलब मुझमें भी कोई कमी है। मुझे तो कोई सज़ा देने से रहा इसलिए मैंने ही अपनी सज़ा तय कर ली है। मैं भी आप लोगों के साथ ग्राउंड के राउंड लगाऊँगा।'

दोस्तों, शिक्षक ने एक बड़ी शिक्षा दे दी। कई बार खुद को सज़ा देना ज़्यादा कारगर उपाय होता है, बनिस्बत दूसरों को सज़ा देने के।

नये ज़माने का चलन है, वर्क हार्ड, पार्टी हार्डर। सफलता को सेलिब्रेट करना हम नहीं चूकते। करना भी चाहिए। लाइफ़ इज़ ए सेलिब्रेशन। लेकिन अगर हम अपना समय स्वयं ख़राब करते हैं तो उसका दंड भी तो हमें ख़ुद को देना चाहिए। मेरे एक मित्र हैं, मेक्रोविज़न अकादमी, बुरहानपुर के मालिक श्री आनन्द चौकसे। उन्होंने अगर आपस में तय कर लिया कि कल सुबह 07:00 बजे इंदौर के लिए निकलना है, तो फिर सुनामी भी आ जाए, वे ठीक 07:00 बजे रवाना हो जाएँगे। किसी कारणवश 07:00 का 07:05 भी हो जाए तो जाना स्वत: स्थगित कर देते हैं। खुद को सजा देने के उनके इस स्वभाव का परिवार से लेकर टीम तक सबको पता है। इसलिए सभी समय को लेकर हमेशा मुस्तैद रहते हैं।

एक और क़िस्सा याद आ गया। एक बार टाइम मैनेजमेंट पर सम्बोधन के बाद एक युवा मेरे पास आया, कहा, 'मैं रोज़ सुबह छ: बजे का अलार्म लगाकर सोता हूँ। अलार्म बजता भी है, पर उसे बन्द कर मैं वापस सो जाता हूँ। कृपया मेरी इस कमज़ोरी को ठीक करने में मेरी मदद कीजिए।' मैंने कहा, 'बहुत आसान है, मेरी बातों का तुम्हें ईमानदारी से पालन करना होगा।' उसने कहा, 'मैं तैयार हूँ।' मैंने कहा, 'दो

काम कीजिए, पहला—अलार्म को दूर रखिए ताकि तुम्हें उठकर बन्द करने जाना पड़े। दूसरा—क़सम खाइए कि जिस दिन मैं अलार्म बजने के बाद भी नहीं जागा, उस दिन ब्रेकफ़ास्ट और लंच स्किप कर दूँगा। अगले दिन से नियम लागू हो गया। पर बरसों की आदत इतनी जल्दी कहाँ जाती है! अलार्म बन्द कर वह युवा सो गया। पर वह था ईमानदार। उसने उस दिन ब्रेकफ़ास्ट व लंच नहीं लिया। दूसरे दिन भी वही हुआ। दो दिन लगातार भूखा रहने से बेचारे की हालत पस्त हो गई। तीसरे दिन तो वह बिना अलार्म के ही पाँच मिनट पहले उठ गया। तब से उसकी सुबह उठने की आदत नियमित हो गई है।

सार यही है कि एक उम्र के बाद हमें दंड देने वाला कोई नहीं बचता। अपना टीचर, प्रिंसिपल, रेफरी—हमें खुद बनना होता है। यह दुनिया हमें रेड कार्ड थमा कर मैच से बाहर कर दे, उससे पहले ही हमें खुद को येलो कार्ड देकर ठीक करते चलना चाहिए।

लाख टके की बात

अच्छी आदतें बड़ी मुश्किल से आती हैं,
लेकिन बुरी आदतें भी उतनी मुश्किल
से ही जाती हैं।

20

ख़ुद का ही नहीं, दूसरों का समय भी बचाइए

एक परिचित थे। फ़ोन आया कि उनका जवान साला अचानक सड़क-दुर्घटना में मारा गया है। अर्जेंट निकलना है, ट्रेन में बर्थ के लिए मदद हो सकती है क्या? मैं तुरन्त उनके निवास पर पहुँचा। जाते ही आश्वस्त किया कि निश्चिन्त रहें, ट्रेन में बर्थ दिलवाने की ज़िम्मेदारी

मेरी। उन्हें हिम्मत रहे, इसलिए कुछ समय वहाँ रुक भी गया। इस बीच उनके पास दोस्तों के फ़ोन आ रहे थे कि वे क्या मदद कर सकते हैं। वे समझ नहीं पा रहे थे कि किससे क्या मदद लेनी चाहिए। भाभी के आँसू थम नहीं रहे थे। छोटे बच्चे अलग तंग कर रहे थे। सारा घर अव्यवस्थित था। एक घंटे बाद ट्रेन थी।

इतने में दरवाज़े की घंटी बजी। सामने भाभी की एक सहेली खड़ी थी। उसने बिना किसी औपचारिकता के पूछा, 'आप लोगों का सामान और कपड़े कहाँ हैं?' देखा तो सूटकेस, कपड़े, जूते-चप्पल सब अस्त-व्यस्त थे। सहेली ने कपड़े प्रेस कर दिये और बच्चों को नहलाकर तैयार कर दिया। उसकी जागरूकता, समय बचाने की तत्परता देख मेरा मन उसके लिए सम्मान से भर गया। घर के सारे काम होने तक वीआईपी कोटे में ट्रेन का टिकट भी कन्फर्म हो गया। दोस्त परिवार के साथ निकल गए।

इस घटना के बाद जब भी किसी परिचित को किसी मुसीबत में पाता हूँ, कभी यह नहीं पूछता कि मेरे लायक़ काम क्या है। उसकी जरूरत को भाँप एक निश्चित काम में लग जाता हूँ। यदि वह पूछता है कि तुम्हें कैसे पता कि मुझे इस काम के लिए मदद चाहिए थी, तो मैं जवाब देता हूँ कि मैंने मुसीबत के समय एक दोस्त को दूसरे दोस्त के घर कपड़े प्रेस करते हुए देखा है।

'आयोजनों में हमारे लायक कोई काम हो तो बताना।'—इस तरह की बातें हम लोगों से और लोग हमसे पूछते रहते हैं। जवाब भी रटा रटाया है, 'सब आपको ही सँभालना है।' आयोजन के दिन पूछने वाला हाथ बाँधे खड़ा रहता है। न मेजबान काम सौंपता है, न दूसरा सँभालता है।

हमें चाहिए कि उस व्यक्ति को उसकी रुचि और योग्यता के अनुसार काम सौंप, पूरी ज़िम्मेदारी और पावर देकर निश्चिन्त हो जाएँ। बस, हल्की-सी नज़र रखें। काम अलग-अलग लोगों को डेलीगेट कर देने से आपका आयोजन सफल हो जाएगा और काम पूछने वाला आयोजन का साझीदार। आप भी अगर किसी आयोजन में सहभागी बनना चाहते हैं तो ख़ुद अपनी पसन्द का काम लेकर, उसे पूरी ज़िम्मेदारी के साथ अंजाम दे दें। दोनों के समय का सदुपयोग हो जाएगा। जानकार कह गए हैं कि समय की रेत पर कदमों के निशान बैठकर नहीं बनाए जा सकते, उसके लिए चलना होता है।

लाख टके की बात

सबसे ख़ुश करने वाला शब्द...पर मैं तुम्हारे साथ हूँ। सबसे दुखी करने वाला शब्द—'मैं तुम्हारे साथ हूँ पर...।' समान शब्दों के जगह बदलने से ही मायने बदल जाते हैं।

21

व्यस्त रहो, मस्त रहो

किसी ज़माने में कविराज का नाम बड़ा लोकप्रिय था। लोग उनसे मिलने में अपना सौभाग्य समझते थे। उम्र की ढलान में अब उनके पहले वाले जलवे नहीं बचे थे। मैं एक व्यावसायिक कार्य से उनके शहर गया था। अतिव्यस्तता के बावजूद मन नहीं माना। सोचा, पाँच मिनट के लिए ही सही, कविराज से मिल लिया जाए। चरण-स्पर्श कर उनके बगल

में बैठ गया। उस दिन मेरा मोबाइल था कि लगातार बज रहा था। एक के बाद एक कॉल, सारे के सारे ज़रूरी। मैंने बड़ी विनम्रता से हर फ़ोन उठाने से पहले बातचीत में व्यवधान के लिए उनसे क्षमा माँगी। फ़ोन आना बन्द होने के बाद मैंने एक बार पुनः उनसे क्षमायाचना की।

उन्होंने जो जवाब दिया, वह मेरे लिए अप्रत्याशित था, 'बेटा, इसमें क्षमा की क्या बात है, अपनी व्यस्तता या फ़ोन पर क्यों अफ़सोस करते हो। लोग तुम्हें याद कर रहे हैं। तुम्हारे बिना किसी का काम रुक रहा है, यह बड़ी बात है। भगवान का शुक्र अदा करो। तुम्हारे साथ मैं भी बैठा हूँ। मेरे पास भी मोबाइल फ़ोन है। 15 मिनट तो क्या, पिछले तीन घंटे से इस पर कोई घंटी नहीं बजी है। एक ज़माना था जब यह लगातार घनघनाता रहता था। अब मैं एक घंटी को तरस जाता हूँ। बेटा याद रखो, अपनी व्यस्तता को कभी कोसना मत, उसका शुक्रिया अदा करना।'

जीवन में सबसे बड़ा बोझ क्या है—जीवन में सबसे बड़ा बोझ है, किसी बोझ का न होना। सबका तो नहीं पता पर अधिकतर के साथ ऐसा होता है। किसी बड़े सरकारी अधिकारी से आप अठावन की उम्र में मिलिए, ऐसा लगता है, जैसे वे पचास के हैं! वहीं उनके रिटायर होने के दो साल बाद बासठ की उम्र में मिलिए, लगेगा, जैसे सत्तर के हो गए हैं! जीवन में फुर्सत से ख़राब कुछ भी नहीं है। हमारे पास सुबह उठने और तैयार होने का उत्साह भरा कारण होना चाहिए। अगर हम समय को नहीं खाते हैं तो समय हमें खा जाता है। हर मिनट, हर घंटे समय को साधते रहिए। उसके एक-एक क्षण का उपयोग कीजिए। अर्निंग पर ना लगा पा रहे हों तो लर्निंग पर लगाइए। दोनों पर नहीं लगा पा रहे हों तो सेवा कार्य, प्रेम, सहकार, अध्यात्म, हॉबी में लगाइए। ज़िन्दगी बर्फ के गोले की

तरह होती है, उसका आनन्द लीजिए, सेवन कर लीजिए, नहीं तो उसका पिघलकर गिरना तय है।

लाख टके की बात

'समय काटने' का सीधा-सा मतलब है—
'समय हमें काट रहा है'

22

#59_सेकंड्स के जन्म की कहानी

प्रति शनिवार, 59 सेकंड का वीडियो मेरे सोशल मीडिया पेज और व्हाट्सएप पर जाता है। अच्छा लगता है जब बड़ी संख्या में लोग उसे पसन्द करते हैं। आइए, जानते हैं इसके जन्म की कहानी।

जमाना डिजिटल का है। मन हुआ, कुछ जीवन-प्रेरक वाकया को वीडियो की शक्ल में प्रस्तुत किया जाए। तीन-चार मिनट के कुछ वीडियो बनाकर

अपनों को प्रयोग के तौर पर भेजे। एक शुभचिन्तक हैं ज़ुल्फिकार जी, होटल मेरियट के जनरल मैनेजर। उनसे पूछा, 'कैसा लगा?' उन्होंने कहा, 'सच बताऊँ, बुरा मत मानिएगा, आजकल तीन-चार मिनट का वीडियो कोई देखता है क्या?'

मेरियट में एक सिस्टम है। हमें कोई भी बात रखनी हो तो हम एक मिनट से अधिक का वीडियो नहीं बना सकते। मैंने सोचा, एक मिनट भी क्यों, 59 सेकंड क्यों नहीं? बस, तभी से वीडियो की समय-सीमा तय हो गई और नामकरण भी हो गया।

समय बदल गया है। मोटी किताबें, लम्बे भाषण, बड़े आलेख, लम्बी फिल्में अब लोग पसन्द नहीं करते। टेस्ट मैच से वन डे और अब तो 20-20 का ज़माना आ गया है। लम्बे विज्ञापन के बदले, पंचलाइन पसन्द की जाने लगी हैं। ठंडा मतलब कोका-कोला, पहले इस्तेमाल करें फिर विश्वास करें। छोटा हाथी, बस एक वाक्य से बात आदमी के दिमाग़ में सीधे उतर जाती है। बच्चा-बच्चा होशियार हो गया है। सबका आई क्यू अब एक लेबल ऊपर आ गया है। कोई लम्बी-चौड़ी भूमिका नहीं, सीधी-सपाट काम की बात। इस दौर में हम अगर बोल रहे हैं, लिख रहे हैं, तो इस बात का ख़याल रखना होगा कि हमारी बात ख़त्म होने से पहले ही ख़त्म हो जाए। आपका समय क़ीमती हो न हो, सामने वाले का तो है ही।

सिकंदर महान के पिता फ़िलिप द्वितीय ने सभी प्रमुख यूनानी शहरों पर कब्ज़ा करने के बाद लैसीडेमॉन पर चढ़ाई करने का फ़ैसला किया। उसने वहाँ के नागरिकों को चेतावनी भरा एक पत्र लिखा : 'तुम्हें हिदायत दी

जाती है कि बिना देरी के समर्पण कर दो। मेरी सेना अगर तुम्हारे शहर में घुस गई, तो मैं खेत नष्ट कर दूँगा, सभी नागरिक मारे जाएँगे। मैं पूरे शहर को जलाकर खाक कर दूँगा'।

लैसीडेमॉन के लोग चाहते तो इसका मुँहतोड़, लम्बा जवाब दे सकते थे। लेकिन उन्होंने जवाब में सिर्फ एक शब्द लिखकर भेजा, 'अगर'।

फिलिप को सन्देश मिल गया और वह लैसीडेमॉन पर चढ़ाई का अपना इरादा त्याग आगे बढ़ गया।

लाख टके की बात

जब भी बोलना, वक़्त पर बोलना
मुद्दतों सोचना, मुख़्तसर बोलना

23

दुनिया का सबसे बड़ा झूठ बारात ठीक सात बजे निकलेगी

सगाई हो, शादी हो, उद्घाटन समारोह या अन्य कोई आयोजन—समय से हो जाए, ऐसा कम ही होता है। आने वाला हमेशा दुविधा में रहता है। पहले पहुँच जाएँ तो इन्तज़ार, देरी से गए तो पता लगा, आयोजन समाप्त हो गया। लेट होने के सबसे बड़े ज़िम्मेदार ख़ुद आयोजक ही हैं।

प्लान बनाते समय हम बहुत सारी बातों को नजरअन्दाज़ कर देते हैं : एक दिन में कितने कार्यक्रम हो पाएँगे; दो कार्यक्रमों के बीच कितना गैप है; सम्बन्धित एजेंसीस, रूम चेक-इन, लाइट, साउंड, एंकर, फ़ोटो ग्राफ़र, गाजे-बाजे और लॉजिस्टिक्स को हमने समय को लेकर पहले से ताकीद किया या नहीं। रिसेप्शन में देरी का बड़ा कारण ब्यूटी पार्लर। हमने उनसे बात करके कितने समय का प्रावधान रखा है। डिजास्टर जैसे—ट्रैफ़िक जाम, हवा-आँधी, गर्मी, बरसात, इन सबके लिए बैकअप प्लान है या नहीं। किसी भी आयोजन की सफलता उसकी समय-बद्धता से ही है।

सुप्रसिद्ध मंच संचालक आशीष दवे कहते हैं कि मंच के किसी भी आयोजन में अगर बीच में रुकावट आई, इसका मतलब हमने अपने हाथ से अपने आयोजन को हिट विकेट कर दिया। जिनकी प्रस्तुति है, उनके साउंड ट्रैक, कलाकार और अन्य अरेंजमेंट पहले से चेक हैं, अनाउंसमेंट के बाद वे तुरन्त तैयार हैं कि नहीं। जिनका नाम माला पहनाने, मोमेंटो देने, स्पीच देने के लिए तय किया है, उन्हें पूर्व सूचना और उनका मंच के पास रहना जरूरी है। ऐसी बहुत सारी छोटी बातें हैं जिनका पूरा ख़याल रखना होता है। आयोजन पर महीनों की मेहनत, अनगिनत रुपये और अनमोल प्रतिष्ठा दाँव पर लगी होती है। मेहमान आएँ और सूने मंच को ताककर चलें जाएँ, इससे ज़्यादा ख़राब और क्या हो सकता है!

हमारी टीम मेडिकल शिविर, फाउंडेशन डे, साइक्लोथान, पुस्तक विमोचन समारोह, चित्रकला प्रतियोगिता जैसे अनेक आयोजन सालभर करती रहती है। आयोजन के अगले दिन हम एक मीटिंग बुलवाते हैं। आयोजन कैसा रहा, सब कहते हैं शानदार। वाह, बजाओ ज़ोर से तालियाँ! मीटिंग हॉल करतल ध्वनि से गूँज उठता है। अब बारी-बारी से बतलाइए, ऐसा और

क्या करते जिससे कार्यक्रम और बेहतर हो जाता? जब लिस्ट बनाने बैठते हैं तो एक-एक कर पच्चीसों पॉइंट निकल आते हैं, जिन पर सुधार की गुंजाइश रह गई थी। सब बातों को एक डायरी में नोट करते हैं। अगले साल के कार्यक्रम शुरू होने से एक महीने पहले फिर से मीटिंग बुलाते हैं। सबसे पहले उन कमियों को ठीक करने का प्रण लेते हैं जो पिछले साल रह गई थीं। फ़ायदा यह होता है कि साल-दर-साल आयोजन बेहतर होता जाता है। पुनः शुरुआत पर आते हैं। हमारे कार्यक्रम टाइम से हों, इसकी ज़िम्मेदारी हमारी स्वयं की है।

लाख टके की बात

आप देर कर सकते हैं लेकिन
समय देर नहीं करेगा।

24

क्वान्टिटी टाइम बनाम क्वालिटी टाइम

शादी नई-नई हुई थी। हर पत्नी शुरू में उम्मीद करती है कि पति उसे ख़ूब समय दे, बाग़-बग़ीचे घुमाए, फ़िल्में दिखाए। मेरा कामकाज नया-नया था। जितना समय उन्हें देना चाहिए था, नहीं दे पाता था। एक रात डिनर पर साथ ले गया और मैंने अपना पक्ष रखा, कहा, 'खंडवा के

नागचून तालाब, टैगोर पार्क मैं तुम्हें रोज़ शाम ले जा सकता हूँ। अभी पूरा समय मुझे कारोबार में लगाने दीजिए। वादा है, थोड़ी-सी अनुकूलता आते ही दुनिया की वो हर जगह आपको दिखाऊँगा जिस पर आप उँगली रख देंगी। जीवनसंगिनी ने स्वीकृति दी और मैंने अपना वादा निभाया।

चाहे परिवार, दोस्तों को समय देना हो या ख़ुद को, हमें यह तय करना होगा कि हम उन्हें क्वान्टिटी टाइम देना चाहते हैं या क्वालिटी टाइम। जबरन किसी भी फ़िल्म को देखने चले गए, बाहर आकर डायरेक्टर को कोस रहे हैं कि क्या बकवास फिल्म बनाई! तो भाई, आजकल हर जगह रिव्यू देखने की सुविधा है, पहले चेक कर लीजिए, भले ही कम फ़िल्में देखिए पर सिलेक्टेड देखिए। यही बात पयर्टन स्थल, रेस्तराँ, मनोरंजन, समारोह—हर जगह लागू होती है। मेरे जीवन की पंच लाइन है, गुनाह लज्जतदार होना चाहिए। अगर मिठाई खानी ही है तो रसमलाई खाऊँ, पेड़े में मुझे तो मज़ा नहीं आता। कैलोरी भी बहुत ज्यादा अन्दर चली जाती है।

रविवार कमाने के लिए छः दिन की कमरतोड़ मेहनत लगती है। हफ्ते दो हफ़्ते के वैकेशन के लिए पूरा साल। इस समय का पूरा आनन्द कैसे लिया जा सकता है, इसकी प्लानिंग के लिए भी हमें ही समय निकालना होगा। हम भाग्यशाली हैं कि हम सूचना और तकनीक के युग में जी रहे हैं। क्वालिटी समय बिताने की जानकारी जुटाने के लिए हमें भटकने की ज़रूरत नहीं है, हर सूचना मोबाइल पर उपलब्ध है।

बंगलोर से सपत्निक कार द्वारा कुर्ग जा रहा था। लोकल क्विज़ीन में लोकल फूड खाना और उसपर बात करना मेरी हॉबी है। अपने फ़ेसबुक पेज पर एक कॉलम लिखता हूँ, #खाता_रहे_मेरा_दिल। मैसूर में डोसा

खाने का मन हुआ। गूगल में ट्रिप एडवाइजर पर जाकर दुकानें ढूँढीं और सबसे बेहतर को सिलेक्ट किया। जब रिव्यू में जाकर चेक किया तो लोगों ने लिखा था कि डोसा तो बेहतरीन है लेकिन सर्विस बहुत लेट। समय की दिक्कत थी। तुरन्त निर्णय लेकर ऑप्शन टू पर चले गए, जहाँ सर्विस भी फास्ट थी। वाकया लिखने का अर्थ यह है कि अगर क्वालिटी समय बिताना चाहते हैं तो जानकारियाँ ढूंढने में, जानकार लोगों से पूछने में बिलकुल भी संकोच नहीं करना चाहिए।

लाख टके की बात

बुरी ख़बर यह है कि समय उड़ता है,
अच्छी ख़बर यह है कि हम ही
इसके पायलट हैं।

25

पहले परिवार, फिर संसार

हार्वर्ड यूनिवर्सिटी में पिछले सत्तर सालों से एक स्टडी चल रही है। इसके लिए उन्होंने वहाँ पढ़ चुके टॉप ग्रेजुएट्स का चयन किया। हार्वर्ड के छात्रों में से कुछ राष्ट्रपति, वैज्ञानिक, कलाकार, उद्योगपति हैं। कुछ ऐसे भी हैं जिन्होंने पढ़ाई तो इन सबके साथ ही की पर माफ़िया बन गए, जेल चले गए या आत्महत्या कर ली। कुछ साधारण रह गए। न बहुत ऊपर जा पाए और न ही बहुत नीचे ही गए। इन सब तरह के

लोगों में से स्टडी करने वालों को यह देखना था कि इनमें जीवन में ख़ुश कौन था और नाख़ुश कौन। नतीजे में खुश रहने वालों के जो नाम सामने आए, उसमें कॉमन बात डिग्री, पैसा, साधन, संतान, या पद नहीं था। ख़ुश रहने वाले लोगों में एक बात जो कॉमन थी, वह थी—अपने रिश्ते बेहतर निभाए। इनका अपने माता-पिता, बच्चों, रिश्तेदारों, दोस्तों और समाज के लोगों से अच्छा सामंजस्य था। जिन्होंने रिश्तों में मतभेद आने पर उसे मनभेद में परिवर्तित नहीं होने दिया, जिन्होंने परिवार के लिए समय निकाला, वे खुश रहे। इस स्टडी को अगर एक लाइन में लिखा जाए तो वह यह है कि जिनके रिश्ते अपनों से अच्छे हैं, वे दुनिया के सबसे खुश लोगों में हैं। ज़िन्दगी में रिश्ते होना ज़रूरी है। उससे ज्यादा ज़रूरी है रिश्तों में ज़िन्दगी होना।

अधिकांश भारतीय पुरुषों का जीवन एक पतली रस्सी पर चल रहे नट जैसा होता है। हाथ में एक बाँस होता है, जिसके एक तरफ व्यापार और दूसरी तरफ परिवार। व्यापार-व्यवसाय, नौकरी उससे पूरा समय और समर्पण माँगती है। परिवार छूट जाता है। परिवार को पूरा समय दे दें तो वहाँ तरक़्क़ी रुक जाती है। इस गति और संतुलन में जो जुगलबन्दी कर पाता है, वही कम्प्लीट मेन हो जाता है।

कवि ओम व्यास ओम की पंक्तियाँ हैं—कुत्ते को घुमाना याद रहा पर माँ की दवाई भूल गए; दोस्त-यार सब याद रहे, पर सगे भाई को भूल गए। हम ऐसे बहुत सारे रिश्तों को निभाने में अपना समय दे देते हैं जो जीवन के दुख-सुख में काम आएँगे या नहीं, हम नहीं जानते। सच्चे रिश्ते तो वे ही हैं जो आपके अस्पताल में भर्ती होने का पता लगते ही चिन्तामग्न बाहर दरी पर बैठे मिल जाएँगे। यहाँ परिवार की परिभाषा में

सिर्फ भाई-बहन ही नहीं, मामा, चाचा, मौसा, फूफा—सभी ही परिवारी आ जाएँगे। ये वे लोग होते हैं, जो आप चपरासी हों तो भी आपके साथ हैं, आप कलेक्टर हों तो भी आपके साथ दिखेंगे।

विज्ञान ने हमसे समय छीन लिया है पर साधन दे दिये हैं। मोबाइल के इस युग में इन सबसे जीवंत संपर्क रखना आसान हो गया है। गूगल कैलेंडर पर सबके जन्मदिन, एनिवर्सरी सेव कर लें। इन अवसरों पर उनके स्वभाव की ख़ूबियों को अंडर लाइन करते हुए दो-चार पंक्तियाँ लिख दें। उनकी या उनके बच्चों की उपलब्धियों का अनुमोदना करते रहें। गाहे-बगाहे फ़ोन करके ख़ैरियत लेते रहें। कभी-कभी समय चुराकर मिल लिया करें। आप ख़ुद न जा सकें तो आजकल तरह-तरह की एजेंसियाँ उपलब्ध हैं। अवसर के अनुरूप सरप्राइज़, बुके, केक, मिठाई, तोहफ़े भिजवा सकते हैं। उन हाथों में हमेशा ख़ुशबू रहती है जो औरों को गुलाब बाँटते हैं।

चलते-चलते परिवार में माहौल ख़ुशनुमा रखने का एक विनम्र सुझाव—घर के बाहर एक डस्टबिन रखिए। घर से बाहर जाते समय घर के सारे अप्रिय प्रसंग उसमें डालकर तनाव-मुक्त, फ्रेश मूड में बाहर निकलिए। बाहर से जब वापस घर आते हैं तो कार्यस्थल, व्यवसाय, बाहर के सारे तनाव उस डस्टबिन में डालकर घर में खिलखिलाते हुए प्रवेश कीजिए।

लाख टके की बात

पूरी दुनिया के लिए आप एक व्यक्ति हैं लेकिन
परिवार के लिए आप पूरी दुनिया हैं।

26

बिन बुलाए मेहमान

नेपोलियन बोनापार्ट कहते हैं—क़ानून उस चोर को कभी नहीं पकड़ सकता, जो इनसान की सबसे कीमती चीज 'समय' को चुराता है। हमें अपने समय को बचाने के लिए उस पर उसी तरह कुंडली मार-कर बैठना होगा, जिस तरह पुराने ख़ज़ाने पर कोई नाग। एक रिपोर्ट के मुताबिक़, कामकाज के बीच एक दिन में करीब पचास व्यवधान आते

हैं। इनमें से सत्तर प्रतिशत का हमारे काम से कोई सम्बन्ध नहीं होता।

इलाज हमें ही ढूँढना पड़ेगा। जैसे कई बार हमारे ऑफ़िस में बिना पूर्व सूचना के कुछ मिलने वाले आ जाते हैं। वैसे तो हमारी टीम इतनी समझदार है कि अगर मुझसे मिलना ज़रूरी न हो तो वे ख़ुद ही आदर-सत्कार से उन्हें अटेंड कर उनकी बात का समाधान कर देते हैं। जब मुझसे ही मुलाक़ात जरूरी हो तो मेरी और टीम की कोशिश रहती है कि उन्हें और ख़ुद को कितनी जल्दी फ्री कर सकें कर दें। अगर फिर भी बातचीत का सिलसिला अनावश्यक लम्बा चल रहा हो तो टीम को पूरा अधिकार है कि वह मेरे केबिन में आकर मुझे आगाह कर दें कि अगली मीटिंग के लिए आपका इन्तज़ार हो रहा है। समझदार को इशारा ही काफ़ी होता है। ऐसा करके हम उनका और अपना, दोनों का समय बचा लेते हैं।

जब भी हमें लगता है कि किसी व्यक्ति विशेष से चर्चा लम्बी होती रही है तो उसे क्लोज़ करने की कोशिश कीजिए। जिसके लिए हम उनकी बात सुनकर, अपनी बात कहने के पहले इन शब्दों का उपयोग कर सकते हैं—'अन्त में यह कहना चाहूँगा...', 'मॉरल ऑफ द स्टोरी इज़...', 'इस बात को यहाँ ख़त्म करते हैं...', 'आइए, बात को समराइज़ करें...'। अपनी बात कहकर अपनी कुर्सी से खड़े हो जाइए। बात जब निकली ही है तो एक और सुझाव—कोशिश कीजिए, हर आने वाले को या किसी से मिलने जाते समय, छोटा ही सही, कोई उपहार देते चलें। और कुछ नहीं तो कोई पुस्तक ही सही। बुके की तुलना में बुक लम्बे समय तक महकती है।

इस मुद्दे पर हेनरी फोर्ड का आज़माया एक नुस्ख़ा याद आता है। जब भी उन्हें अपने किसी एम्प्लॉय से मीटिंग करनी होती थी तो उन्हें अपने केबिन में बुलाने की बजाय वे स्वयं उनके केबिन में चले जाते थे। उनका कहना था कि अपना केबिन खाली करवाना कई बार हमारे बस में नहीं होता। लेकिन किसी और का केबिन खाली करना हमारे बस में है। खुद का समय खराब करना माफ़ी लायक हो सकता है लेकिन किसी और का समय ख़राब करना पाप है।

लाख टके की बात

स्पष्टीकरण देने में अपना समय खराब मत कीजिए। लोग केवल वही सुनते हैं, जो वे सुनना चाहते हैं।

27

लम्बी उम्र पाने का आसान नुस्ख़ा

कई बार सुनने में आता है कि अमुक व्यक्ति को रेल में हार्ट अटैक आ गया। जब हम पीछे की कहानी पर नज़र डालते हैं तो पता लगता है कि अधिकांश केस में यात्री ने भागते हुए ट्रेन पकड़ी थी। ट्रेन छूटने की घबराहट, सामान का बोझ, तेज़ दौड़ने से बढ़ी हार्ट बीट, यह सब बातें मिलकर शरीर को नुकसान पहुँचाती हैं। बेहतर है, समय से पहुँचें।

विलियम शेक्सपियर अपनी सफलता का राज़ बताते हैं : 'मैंने हमेशा एक मिनट देरी से पहुँचने की जगह तीन घंटे पहले पहुँचना बेहतर समझा।'

एक बेहद फ़ायदेमन्द सौदा है। प्रतिदिन 10 मिनट जल्दी निकलकर हम अपनी उम्र के 10 साल बढ़ा सकते हैं। आइए, जानते हैं, कैसे। हम कहीं जाने के लिए बिलकुल ठीक समय घर से निकलते हैं। कई बार रास्ते में याद आता है, कुछ भूल आए हैं। वापस घर जाना पड़ेगा। कई बार गाड़ी ख़राब हो जाती है। रास्ते में जाम मिल जाता है। छोटे-मोटे व्यवधान आते ही हैं। जब लेट हो जाते हैं तो और ज़्यादा आते हैं। कवि नीरज कह गए हैं, 'जहाँ चोरों का डर होता है, वहीं शाम होती है।' यह सब देखकर हम परेशान होते हैं। परेशानी हमारे अन्दर बेचैनी पैदा करती है। हम रोज़ धीरे-धीरे अपने अन्दर ज़हर घोलते जाते हैं। हमारे दिल की धड़कनें तेज़ चलने लगीं, हमारी साँस फूलने लगती है। जब यह हर रोज़ दोहराया जाएगा तो हमारी उम्र और स्वास्थ्य पर सीधा-सीधा प्रभाव डालता रहेगा। हम वही 10 मिनट पहले बढ़ा दें। हम 10 मिनट लेट की जगह पहले निकलें, पहले पहुँचें तो स्थिति अनुकूल होगी। 10 मिनट पहले बढ़ाने से हम अपनी ज़िन्दगी के 10 साल बढ़ा सकते हैं।

लाख टके की बात

अन्तिम समय एक-एक मिनट के लिए वे लोग परेशान होते हैं जो शुरू में घंटों गँवा चुके होते हैं।

28

टाइम पास टूरिस्ट नहीं, ट्रेवलर बनिए

टूरिस्ट देखते हैं, लेकिन ट्रेवलर खोजते हैं। ट्रेवलर चीज़ों में छिपे गहरे अर्थ को तलाश करता है। जो सबको दिखाई दे रहा है, उससे कहीं ज़्यादा देखने, समझने और जानने की कोशिश करता है। यात्रा में जब सहयात्रियों को टाइम पास करते देखता हूँ तो दो प्रश्न हमेशा दिमाग़ में

आते हैं। पहला—हम पर्यटन यात्राओं पर क्यों जाते हैं। जवाब—दुनिया घूमने, लुत्फ़ उठाने। दूसरा—भागदौड़ भरे जीवन में ऑफ़िस, दुकान, घर और बच्चों की उलझनों के बीच समय निकालकर जाना आसान था क्या? जवाब—बेहद कठिन! वह तो जाने वाले को ही पता है, कैसे निकल पाए। सामान के साथ हम तनाव को अपने साथ क्यों पैक कर लाते हैं? जीवन के इतने क़ीमती समय और धन को दाँव पर लगाकर बनाए गए टूर का हम भरपूर उपभोग क्यों नहीं करना चाहते? एक बार सीसीटीवी कैमरे वाले ने मुझसे कहा, 'लाइए सर, आपके मोबाइल में ऐसी सेटिंग कर देते हैं, जिससे आप गोवा के समुद्र तट से भी अपनी दुकान देख पाएँगे।' मैंने कहा, 'क्षमा कीजिए, अगर मुझे दुकान ही देखनी है तो गोवा क्यों जाऊँगा?'

अपवाद छोड़ दें तो अधिकांश यात्रा व्यर्थ की बातों में ही बीत जाती है। ढेर सारे सामान का बोझ, खाने-पीने के नखरे, फ़ैशन, कपड़े और दिखावे का आवरण, हमें परेशानी से मुक्त कर ही नहीं पाता। देखने से ज़्यादा दिखाने का शौक़ फ़ोटो और सेल्फ़ी के मौक़े तलाशता रहता है।

मोबाइल की लगातार बज रही घंटी हमें रोज़मर्रा के तनाव से बाहर नहीं निकलने देती। हमारा तन तो टूर पर होता है, मन घर या दुकान पर अटका रहता है। अन्तरराष्ट्रीय पर्यटकों में 80 प्रतिशत हिस्सा यूरोप एवं अमेरिका से आए पर्यटकों का होता है। इन देशों से आए पर्यटक हमारे सामने जीता-जागता उदाहरण हैं। कम सामान लेकर वे पूरी दुनिया नाप आते हैं। एक हाथ में कैमरा, दूसरे में पुस्तक और पीठ पर एक बैग; बस, यही उनकी दुनिया होती है। कहीं भी जाने से पहले उस जगह के इतिहास, भूगोल, वर्तमान, संस्कृति और साधनों की पूरी जानकारी उनके

पास होती है। 'जैसा देस, वैसा भेस' की तर्ज पर वे घूमने के लिए प्लान की गई जगह का पूरा आनन्द लेते हैं। जिस ताजमहल को हम दो घंटे में निपटा आते हैं, उन्हें उसके लिए दो दिन भी अपर्याप्त लगते हैं।

यात्रा या पर्यटन से बड़ा कोई स्कूल नहीं है। पर्यटन का प्रत्येक पल, जगह और हमारे सम्पर्क में आने वाला प्रत्येक व्यक्ति, हमें कुछ न कुछ सिखाकर जाता है। ज़रूरत है, हम अपनी दोनों आँखें, कान और दिमाग़ के दरवाजे खुले रखें; जिज्ञासु विद्यार्थी बने रहें। अगली बार हम कहीं घुमने जाएँ तो सिर्फ छुट्टियाँ बिताने या टाइम पास करने नहीं जाएँ, बल्कि ज़िन्दगी के कुछ अनमोल सबक भी अपने साथ ले आएँ।

कुछ महत्वपूर्ण टिप्स

- गाइड अवश्य हायर करें। उसके द्वारा दी गई जानकारियाँ हर क़ीमत में सस्ती होती हैं।
- अपना यात्रा कार्यक्रम, होटलों के पते, फ़ोन नम्बर, टूर इंचार्ज के फ़ोन नम्बर, पासपोर्ट की फ़ोटोकॉपी आदि अपने घर पर या फिर किसी परिचित के पास छोड़ जाएँ, इमर्जेंसी में सुविधा होती है।
- विदेश में पासपोर्ट सबसे जरूरी डॉक्यूमेंट है। अतः उसे बेहद सँभालकर रखें। उसकी एक-एक फ़ोटोकॉपी करवाकर बैग की दीगर जेबों में भी रख लें। होटल पहुँचते ही पासपोर्ट को लॉकर में रख दें।
- ख़रीददारी में भावताव करते समय, किसी भी वस्तु का भाव अपनी

ओर से तब ही बोलें जब उतने में लेना हो, अन्यथा विवाद हो सकता है। टाइम पास के लिए मोलभाव न करें।

- अपने टूर गाइड, टूर मैनेजर, होटल्स, दो-चार साथियों के फ़ोन नम्बर अपने मोबाइल की फ़ोन बुक में सेव कर लें।
- प्रवासी देश के मौसम का पता लगाकर, उसके अनुरूप तैयारी से जाएँ।
- जिस देश की यात्रा पर जा रहे हों, उस देश में अपने शहर या नज़दीकी मित्र या मित्रों का कोई परिचित रहता हो तो उनका नाम, पता और फ़ोन नम्बर पास रख लें, वक़्त-बेवक़्त सुविधा रहती है।

लाख टके की बात

जब दुनिया देखने निकला तब जाना,
अब तक का समय तो यूँ ही
बर्बाद कर दिया...।

29

व्यावसायिक दौरा यानी एक-एक मिनट का सदुपयोग

व्यावसायिक दौरा पर्यटन यात्राओं से बिलकुल अलग होता है। पर्यटन यात्रा में हम शाम को दिन के आनन्द का हिसाब लगाते हैं। बिज़नेस टूर में शाम को हमारी नज़र जाती है कि आज क्या खोया और क्या पाया। बिज़नेस ट्रिप का प्लान बेहद सावधानीपूर्वक बनाना होता है।

जिस शहर जा रहे हैं, उसका रास्ता, मौसम, अवकाश, ट्रैफ़िक—सभी की जानकारी पहले से ही हमारे पास होनी चाहिए। जिन भी लोगों से मिलने जा रहे हैं, उन्हें आपने आने की पूर्व सूचना और उनके साथ आपका अपॉइंटमेंट तय होना चाहिए। कोशिश कीजिए कि टूर पर काम की शुरुआत सुबह जल्दी हो।

यात्राओं के दौरान टाइम बॉक्सिंग भी एक अच्छा टूल साबित होता है। इसमें हमें अपने पूरे दिन को अलग-अलग बॉक्स में बाँट देना होता है। मसलन सुबह 07:00 से 10:00 खंडवा-इंदौर, 10:00 से 11:00 कुशन, 11:00 से 11:30 लोकल ट्रेवल, 11:30 से 12:30 मिस्टर एक्स के साथ मीटिंग, 12:30 से 01:00 लोकल ट्रेवल, 01:00 से 02:00 मीटिंग विद इटिंग मिस्टर वाय के साथ।

टाइम बॉक्सिंग में हमें ट्रैफ़िक, वेटिंग आदि डिजास्टर का कुशन भी प्लानिंग में लेकर चलना चाहिए। ब्रेकफ़ास्ट, लंच, डिनर भी किसी बिज़नेस मीटिंग के साथ प्लान कर लें तो दोनों का समय बचता है। टूर का रोडमेप भी इस तरह बनाना चाहिए कि हमें कुछ ज़्यादा भटकना न पड़े। जिनसे मीटिंग प्लान की है, उन्हें आधा घंटा पहले एक बार फिर से कॉल कर अपॉइंटमेंट रिचेक कर लेना चाहिए। दौरा ज़्यादा टाइट हो तो घर या होटल से पैक्ड फूड रखकर टाइम बचाया जा सकता है। मीटिंग के दौरान कई बार चाय-सत्कार में भी बहुत समय चला जाता है। अगर आगे मीटिंग्स तय हों और इनमें देरी हो रही हो तो विनम्रता से क्षमा माँगकर निकल जाना बेहतर होता है। होटल में बुकिंग के समय ही आई डी भेज देने से और होटल पहुँचने से पहले कॉल कर देने से, चेक-इन का समय बच जाता है। चेक-आउट के समय भी लगेज और

बिल के लिए पहले ही कॉल कर देना समय बचाता है।

सफ़र में बिन सिर-पैर की गपशप या निठल्ले रहने से बेहतर है एक पावर नेप ले ली जाए। दिन की नींद से जब आप जागते हैं तो आपको एक तरो-ताज़ा दूसरी सुबह मिल जाती है। सफ़र में समय किताबें पढ़कर या अपने ज़रूरी कॉल्स ख़त्म करके भी बिताया जा सकता है। मशहूर ब्रिटिश एस्ट्रो-फ़िजिसिस्ट हर्मेन बॉंडी को लगातार यात्राएँ करनी पड़ती थीं। वे इसी दौरान अपने ऑफिस के काम निपटा लिया करते थे। एक बार तो उनकी फ्लाइट लेट हो गई। उन्होंने पूरा रिसर्च पेपर ही लिख डाला। नेपोलियन जब युद्ध करने जाते थे तो रास्ते में पत्र लिखकर अपने समय का सदुपयोग करते थे। एडिसन रेल यात्रा में अपने नये प्रयोगों में जुटे रहते थे।

लाख टके की बात

सुबह का पहला घंटा पूरे दिन की दशा और दिशा तय कर देता है।

30

सेहत और समय

इन्फ़ोसिस के श्री नारायण मूर्ति से किसी ने पूछा, 'आपका नाम, कम्पनी, परिवार, सब कुछ शिखर पर है, फिर भी जीवन में कोई ऐसी चीज़ रह गई है जिसका आपको अफ़सोस हो?' नारायण मूर्ति ने कहा, 'मैं अपने शरीर का पर्याप्त ख़याल नहीं रख पाया, मेरे घुटने दर्द करते हैं। जब मैं युवा था, तो इतना बिज़ी था कि मैंने एक्सरसाइज़ के

लिए पर्याप्त समय निकाला ही नहीं। अगर आज मैं सामान्य जीवन जीना चाहूँ या कोई नया काम करना चाहूँ, तो मेरा शरीर मुझे इसकी अनुमति नहीं देता।

हमारे पास सबके लिए समय है : व्यवसाय, फ़िल्में, मस्ती, फ़ोन, पार्टी, गॉसिप, नींद। एक्सरसाइज़ का नाम आते ही अचानक समय की कमी हो जाती है। आप अगर अनुशासन के साथ व्यायाम के लिए समय निकाल पाते हैं तो आपके लिए ज़ोरदार तालियाँ। व्यायाम के समय सिर्फ़ व्यायाम ही होना चाहिए। अगर नहीं तो समय बचाने के लिए मल्टीटास्किंग सबसे अच्छा उपाय है। 'नहीं मामा से काना मामा अच्छा'। मल्टीटास्किंग का बेहतरीन आइकॉन है—गृहिणी। महिला अगर खाने की सारी चीजें अलग-अलग बनाए तो उसे पूरा दिन कम पड़ जाएगा। एक चूल्हे पर दाल, दूसरे पर चावल, हाथ में चाकू और सब्ज़ी, नल पर बाल्टी और दरवाजे पर कान, वह एक साथ सारे मोर्चों पर काम करती है।

हमें अगर संगीत सुनने का शौक़ है तो दौड़ते हुए वॉकमैन पर इसका आनन्द ले सकते हैं। चलते हुए ज़रूरी कॉल निपटा सकते हैं। क्रॉस ट्रैनर या ट्रेडमिल पर एक्सरसाइज़ करते हुए सामने स्मार्ट टीवी पर मन-पसन्द विडियो देख सकते हैं। मित्र-मंडली या परिवार के साथ हँसी-ठिठोली करते हुए वेट ट्रेनिंग या योगा कर सकते हैं। बैठे-बैठे किसी का इन्तज़ार करने से अच्छा है, ऑफिस का चक्कर मार लिया जाए। ऊपर की मंज़िल पर जाना हो तो लिफ्ट के बजाय सीढ़ियों का उपयोग कर लेना अच्छा है। बैठे-बैठे बात करने के बजाय खड़े होकर या चलते-चलते बतिया लीजिएगा। इसे कहते हैं एक टिकट में दो-दो मज़े। आप तलाशेंगे तो आइडिया मोबाइल एड के अभिषेक बच्चन की तरह अनेक आइडिया

आपके दिमाग़ में भी आ जाएँगे, और आप कहेंगे : 'व्हाट एन आइडिया सर जी!'

अगर आपकी उम्र और डॉक्टर अनुमति देते हैं तो कम समय में भी अधिक फ़ायदा लेने वाले वर्कआउट हैं। पैदल घूमने के बजाय आप उनसे कम समय में साइकलिंग करके ज़्यादा फ़ायदा ले सकते हैं। खंडवा के फ़िजियोथेरैपिस्ट डॉ. ऋषभ दलाल कहते हैं कि अगर आपके पास पर्याप्त समय या साधन नहीं भी हैं तो मात्र बीस मिनट में पुशअप, स्टेपअप, स्कॉट और प्लांक लगाकर आप अपने शरीर को मज़बूत रख सकते हैं।

जवानी तो हम सबकी बढ़िया कट रही है और बढ़िया कट जाएगी। हमारा बुढ़ापा कैसे कटेगा, सुखद या दुखद, यह हमारे हाथ में है। अगर हम जीते-जी इस शरीर का पूरा आनन्द लेना चाहते हैं तो मरते दम तक हमको इस शरीर का पूरा ख़याल रखना पड़ेगा।

लाख टके की बात

जवानी में बहाई गई पसीने की एक-एक बूँद,
बुढ़ापे के आँसुओं की सौ-सौ बूँदें
कम कर देती है।

31

अपनी हॉबी के लिए समय निकालिए

प्रभु ने इस धरती के प्रत्येक प्राणी को अनूठी यूनिक सिग्नेचर स्ट्रेंथ दी है। जैसे मकड़ी को जाला बनाने की, तो चींटी को सूँघने की। फिर हम तो इनसान हैं—कुदरत की सबसे नायाब कृति। उसने हम सबको एक-न-एक हुनर अवश्य दिया है। कोई अच्छा गाता होगा, कोई अच्छा लिखता होगा, कोई रंगोली बनाता होगा। होता यह है कि कामकाज,

तरक़्क़ी की दौड़ में हमारी यह काबिलियत पीछे छूट जाती है। समय बीत जाने के बाद हम चाहकर भी उस हॉबी से अपने-आपको पूरी तरह जोड़ नहीं पाते।

चाहे दिन में, चाहे सप्ताह में, चाहे महीने में, कभी भी समय निकालिए पर अपनी ख़ासियत को ज़िन्दा रखिए। जब भी जीवन का उत्तरार्द्ध आएगा, समाज, बाजार, परिवार हमें खारिज कर देगा, तब यही शौक़ हमें ऑक्सीजन देंगे। अगर आपको बाग़वानी का शौक़ है तो बढ़ते पौधे और उन पर लहलहाते फूल आपको वही आनन्द देंगे जो अपने बच्चों को बड़ा होते देख आपको आया होगा।

दौर बदल गया है, पैसा अब आम हो गया है। अब समाज में लोगों की बात सिर्फ इसलिए नहीं होती कि वे धनवान हैं। लेकिन किसी में कोई अतिरिक्त योग्यता है तो उसकी चर्चा जरूर होती है। खिलाड़ी, गायक, संगीतकार, लेखक, नर्तक, वक्ता—सभी को समाज में एक अलग मान्यता मिलती है। खूब परिश्रम करके अपने काम-काज में आप नम्बर वन हो सकते हैं। अगर आपने अपने शौक़, अपनी विशेषज्ञता पर लगातार काम करके उसे पराकाष्ठा पर पहुँचा दिया तो आप अपने क्षेत्र में ऑनली वन हो सकते हैं। एक फ़ायदा और जिस काम में आपको आनन्द आता है, अगर आपने उसे अपना व्यवसाय बना लिया तो फिर आपको ज़िन्दगीभर एक भी दिन काम नहीं करना पड़ेगा।

लोग कहेंगे कि संगीत, साहित्य, कला में रुचि न भी हो तो हम मर नहीं जाएँगे। सही बात है, ज़िन्दगी पूरी जिएँगे। इतिहास उठाइए, जिन देशों ने इन पर बैन किया, वे दस-बीस साल में आतंकवाद की गिरफ़्त में

चले गए। जिस तरह शरीर की सफ़ाई के लिए प्रतिदिन नहाना ज़रूरी है, उसी तरह इन कलाओं का सान्निध्य, इनका साथ; आत्मा से वैमनस्य, अवसाद, ग़ुस्से की सफ़ाई में मदद करता है।

पुनः मूल बात पर आ जाएँ। हम ख़ुद को मॉटीवेट रखना चाहते हैं, पूरा जीवन आनन्द के साथ जीना चाहते हैं। अपनी अलग पहचान चाहते हैं तो अपनी हॉबी के लिए समय ज़रूर निकालिए।

लाख टके की बात

मेरे कुछ दोस्त बेहद ग़रीब हैं,
उनके पास सिर्फ़ पैसा है।

32

हाँ, समय को ख़रीदा जा सकता है

कई लोगों का इस अध्याय से मतांतर होगा लेकिन ये मेरे अनुभव हैं। ज़रूरी नहीं कि ये सभी पर एक जैसे लागू हों। हर व्यक्ति के लिए उसकी प्रति घंटे आय के अनुसार फ़ॉर्मूले बदलते जाएँगे। हमारे लिए क्या महत्वपूर्ण है, समय या धन? यह हमारे हाथ में है कि हमें क्या बचाना है। पैसेंजर ट्रेन से यात्रा सस्ती पड़ती है और सुपरफास्ट से महँगी, हवाई

जहाज़ से और महँगी। जिसका समय जितना क़ीमती है, बचाने के लिए उसे उतना ख़र्च करने को तैयार रहना चाहिए। महिलाओं से क्षमा-याचना के साथ लिख रहा हूँ कि अधिकांश महिलाएँ सामान पच्चीस-पचास रुपये सस्ता ढूँढने या मोल-भाव करने में अपने घंटों ख़राब कर देती हैं। कंजूस पुरुषों के साथ भी यही समस्या है।

विवाद और तनाव भी टाइम ख़राब करने का काम करते हैं। आपका स्वभाव झगड़ालू है और आपको माथापच्ची करने में आनन्द आता है, तब तो यह ठीक है। ख़ूब झगड़ा कीजिए और सामने वाले को घर तक छोड़कर आइए। लोग तो बिना मतलब के सोशल मीडिया पर ही एक दूसरे से उलझते रहते हैं। बहस, झगड़े अगर आपके मूड को प्रभावित करते हैं, इनसे आपका दिन ख़राब होता है तो इससे बचना चाहिए।

हम इनकम टैक्स, जीएसटी, नगर निगम टैक्स जैसे न जाने कितने टैक्स भरते हैं। जीवन में समय और सुकून बचाने के लिए एक टैक्स का प्रावधान और कीजिए, उसका नाम है—न्यूसेंस टैक्स। आपको पता है कि यह व्यक्ति साल में एक बार चन्दा माँगने आता है और चंदे के रुपये ले जाकर उनका दुरुपयोग करता है। नहीं देने पर परेशान करता है, दे दीजिए। आप परिवार के साथ जा रहे हैं और आपकी कार की किसी स्कूटर से टक्कर हो गई, गलती स्कूटर वाले की थी। फिर भी ज़ोर-ज़ोर से झगड़ा कर रिपेयरिंग के हज़ार, पाँच सौ माँग रहा है, दे दीजिए। सही है कि इस तरह के भुगतान से ग़लत लोगों को बढ़ावा मिलता है। लेकिन यहाँ बात समय बचाने की हो रही है, और मेरा मानना है कि अगर पैसे देकर समय मिल रहा है तो ख़रीद लेना चाहिए। सस्ता सौदा है।

चलते-चलते एक आपबीती—विदेश-यात्रा से लौटने वाली फ्लाइट सुबह दिल्ली लैंड करने वाली थी। वापसी की सुबह की इंदौर फ्लाइट बारह हज़ार की आ रही थी। शाम की सिर्फ तीन हजार में। मैंने सुबह की ली। साथ वाले यात्रियों ने कहा, 'शाम की ले लेते, नौ हजार बच जाते।' मैंने कहा, 'अगर यमराज मुझे लेने आएँ और मैं उनसे कहूँ कि आदरणीय, नौ की जगह नब्बे हजार ले लीजिए, मुझे एक दिन का जीवन और दे दीजिए, नहीं मिलेगा। मुझे दिल्ली में काम होता या फिर यहाँ एयरपोर्ट पर दिन भर फ़ालतू बैठकर मज़ा आ रहा होता तो यक़ीनन शाम की फ्लाइट ले लेता।

समय की क़ीमत पता होने से ज़्यादा ज़रूरी है उसकी अहमियत का पता होना। ऑस्कर वाइल्ड कहते थे : 'कोई भी व्यक्ति इतना अमीर नहीं हो सकता कि अपना अतीत वापस ख़रीद सके।'

लाख टके की बात

कहावत है : 'समय ही धन है'। इसे उल्टा कर देखिए, एक क़ीमती सच सामने आ जाता है : 'है धन ही समय'।

33

रोमांस विद टेक्निक

क्या हम अभी भी पुरानी परम्परागत तकनीकों का उपयोग कर समय ख़राब कर रहे हैं। सावधान हो जाइए क्योंकि लोग आपसे आगे निकल जाएँगे। तकनीक में लगाए गए पैसे को अधिकांश लोग एक्सपेंसेस मानते हैं, जबकि यह इनवेस्टमेंट है। घर, परिवार, संस्था या हम स्वयं जितना

नई तकनीक के साथ जुड़ते जाएँगे, उतना समय बचाते जाएँगे। तकनीक और मशीन के साथ एक और बड़ा फ़ायदा यह होता है कि उसे छुट्टी नहीं चाहिए, वह बीमार नहीं होती, वह नौकरी छोड़कर नहीं जा सकती। अब वक़्त है तलवार की धार तेज़ करने का, या यूँ कहें, तकनीक से प्यार करने का।

पुरानी पीढ़ी के अधिकांश लोगों को नई तकनीक से जुड़ने में हिचक-सी होती है। इससे बाहर निकलना होगा। बदलते सिस्टम पर बातें करनी होंगी। उसके बारे में पढ़ना, सुनना, देखना होगा। मोबाइल में अगर कोई ऐसा काम हो जो आपको बच्चों से करवाना पड़ रहा है तो उन्हें कहिए कि वे उसे आपके सामने करें, ताकि अगली बार से उनपर आपकी डिपेंडेंसी कम होती जाए। अगर सदुपयोग करें तो अपने टैलेंट, बात रखने या सेल्स बढ़ाने के लिए हम सोशल मीडिया की मदद ले सकते हैं।

तकनीक या आइडिया के साथ एक बात और होती है, इसका पता हम सबको होता है। लागू करेंगे, ऐसा सोचने में ही हम सारा समय बिता देते हैं। जीवन में 4 आई का बेहद महत्व है—इन्वेंट, इनोवेट, इम्प्लीमेंट और इंप्रूवमेंट। अनेक बार हम तकनीक ढूँढ तो लेते हैं पर उसे कस्ट-माइज़ कर लागू नहीं कर पाते। बहुदा यह सिस्टम रेडिमेड होता है, उसे बस हमारी ज़रूरत के अनुसार टेलरमेड बनाया। कई बार यह भी होता है कि हम सिस्टम लागू कर देते हैं और इंप्रूवमेंट नहीं कर पाते। यह भी लगातार करना होगा। बाज़ार का एक क़ायदा है, यहाँ दुकानदार बूढ़ा हो जाता है पर ग्राहक हमेशा जवान रहता है। हमें बदलती दुनिया

के साथ क़दमताल करनी है तो ख़ुद को भी जवान रखना पड़ेगा और सोच को भी।

लाख टके की बात

कुछ लोग थे जो वक़्त के साँचे में ढल गए,
कुछ लोग हैं जो वक़्त के साँचे बदल गए।

34

काम धेले का नहीं, फुर्सत घड़ी की नहीं

टायर-ट्यूब डिस्ट्रीब्यूशन के व्यावसायिक दौरे पर पूरे सेंट्रल इंडिया में अनेक डीलर साथियों से मिलने जाना होता है। फ़ोन पर जब धंधे के हाल पूछो तो अधिकतर मन्दी या कम आमदनी का रोना रोते हैं और जाकर मिलो-देखो तो एकदम बिज़ी। सुबह घर पर ही इतने फ़ोन आ

जाते हैं कि दुकान भागकर खोलते हैं। घर से आठ-दस फ़ोन रोज़ आ जाते हैं, तब खाना खाने जा पाते हैं। चाय के लिए बोलने, कैश गिनने, बैंक जाने, टायर-ट्यूब निकालकर देने जैसे अधिकतर काम ख़ुद ही कर रहे हैं। ऐसा करने वाले हमेशा इतने व्यस्त और थके हुए नज़र आते हैं कि वे व्यापार विस्तार की तो सोच ही नहीं पाते हैं, न ही इस विषय पर किसी से बात कर पाते हैं।

जिनका काम छोटा या नया है, उनके लिए तो यह ठीक है। ऐसे अनेक दुकानदार हैं जिन्हें बरसों-बरस काम करते हो गए हैं। हम यदि वही करेंगे जो हम हमेशा से करते आए हैं तो हमें वही मिलेगा जो हमेशा से मिलता आया है। दिक़्क़त यही है कि हम ख़ुद ही सारे काम करना चाहते हैं। किसी को कुछ भी बाँटना नहीं चाहते। हमें टीम बनाकर उन्हें इसकी ओनरशिप देनी होगी कि आने वाले छोटे-मोटे फ़ैसले लेने के लिए वे स्वतंत्र हैं। इससे उनकी स्किल्स भी डेवलप होगी। हम जानते हैं कि दूसरों से काम करवाना आसान नहीं होता, सबका आई क्यू लेवल अलग होता है। मशहूर मैनेजमेंट गुरु सन्तोष नायर कहते हैं और हमारा भी आज़माया हुआ नुस्ख़ा है कि किसी भी कार्य को तीन स्तर में सौंपने से बेहतर रिजल्ट मिलते हैं...।

पहला स्तर—I do you see—मैं करता हूँ, तुम देखो।

दूसरा स्तर—You do I see—तुम करो, मैं देखता हूँ।

तीसरा स्तर—We do—हम करते हैं।

ग़लतियाँ तो होंगी ही, ग़लतियों से सीखें। दोबारा न हों, इस पर काम करें।

हमें केवल एक बात याद रखनी है कि जो काम कोई दूसरा कर सकता है, वह काम हमें नहीं करना है। हमें इस गर्वोक्ति से बाहर निकलना होगा कि यह काम सिर्फ मैं ही कर सकता हूँ क्योंकि इसमें मेरा अनुभव है। कई बार हमारा अनुभव ही हमारी प्रगति की राह का सबसे बड़ा काँटा होता है, जो हमें काम दूसरों को सौंपने नहीं देता। हमें भनक तक नहीं लगती कि देखते ही देखते हमारा कीमती समय कपूर बन उड़ जाता है। अगर हमें समय को उड़ने से रोकना है, नये आइडिया खोजने हैं तो काम डेलीगेट करना ही होगा। एक अंडरगार्मेंट कम्पनी का एड भी आता था : 'लाइफ में कम्फर्ट हो तो आइडिया आते हैं।'

लाख टके की बात

निवेश तो सभी करते हैं, फ़र्क़ इतना है कि
अमीर समय में और ग़रीब धन में करता है।
धन तो धन से प्राप्त किया जा सकता है
लेकिन समय नहीं।

35

समय को कंफ्यूज़ न करें

दो शिक्षक अम्बानी की बिल्डिंग एंटीलिया के सामने से जा रहे थे। एक ने कहा, 'अगर मेरे पास अम्बानी जितना पैसा आ जाए तो मैं अम्बानी से ज़्यादा कमा कर दिखा सकता हूँ।' दूसरे ने पूछा, 'कैसे?' पहले ने जवाब दिया, 'ट्यूशन भी तो पढ़ाऊँगा न।' हम में से अधिकांश लोगों का यही हाल है। हम नया काम-काज तो बढ़ाना चाहते हैं पर पुराने काम

किसी को सौंपना नहीं चाहते। परिणाम यह होता है कि हमारी पकड़ न तो नये काम पर रह जाती है, न पुराने पर। इसलिए नये अटैचमेंट के साथ पुरानी ग़ैर-ज़रूरी ज़िम्मेदारियों से डिटैच भी होते चलें।

भतीजी डॉ. पूर्वा पीहर आई हुई थी। केक, ग्रीटिंग कार्ड बनाना, डांस, मंच-संचालन जैसे हुनर उसके शौक़ में हैं। पूछने लगी, 'चाचा जी, मंच-संचालन पर साल भर का कोर्स है, कर लूँ क्या?' मैंने कहा, 'घर, समाज, मेडिकल प्रैक्टिस और बेटे अंश की देखभाल के बाद तुम्हारे पास लिमिटेड समय ही बचता है। इसमें से अगर मंच-संचालन में दक्षता पानी है तो फिर बाक़ी हॉबी को तिलांजलि देनी होगी, छोड़ पाओगी क्या? विलियम शेक्सपियर कह गए हैं : 'A jack of all trades is a master of none, but oftentimes better than a master of one.'

चलिए, मैं अपनी ही बात करता हूँ। अगर प्राथमिकता का क्रम देखूँ तो मेरा परिवार, व्यवसाय, समाज और फिटनेस मुझसे समय चाहते हैं। इनमें से एक भी मोर्चा ऐसा नहीं है जो छोड़ा जा सके। साहित्य पढ़ना-लिखना मेरी अभिरुचि है। अब इसके लिए समय कहाँ से लाऊँ? मैंने निर्णय लिया; टी.वी. देखना बन्द। न्यूज़ चैनल में जो प्रतिदिन दो-तीन घंटे जाते थे, बच गए। सारे समाचार विस्तार से मुझे अगले दिन सुबह अखबार में मात्र आधा घंटा देकर मिल जाते हैं। मित्रों की दुकानों पर जाकर चाय-कॉफी के बहाने घंटा-आधा घंटा गॉसिप करना छोड़ दिया। इन बातों से बचा समय मेरे लेखन-सम्बोधन में काम आने लगा।

अपोलो प्रमुख श्री राजेश जी दहिया एक बड़े पते की बात कहते हैं। हमारे यहाँ नया करना है, तय करने से पहले हम यह डिस्कस करते हैं

कि इसे कौन करेगा। हम लोग व्यापार में नई-नई सुपारियाँ लेते जाते हैं। बाद में परेशान होते हैं। कोई भी नया काम शुरू करने से पहले हमें उसे कुछ कसौटियों पर कसकर देख लेना चाहिए। पहला इसे करने के लिए हमारे पास समर्पित अनुभवी टीम है क्या? उनके पास समय है या वे ओवरलोडेड हैं? अगर उनके पास समय नहीं है तो क्या हम तुरन्त नई टीम बना पाएँगे? दूसरा, हमारे पास उस काम को करने या सुपरविज़न करने का समय है क्या? इस काम में दिये जाने वाले समय की तुलना में हमारी आमदनी उस स्तर तक बढ़ पाएगी क्या? इसके बदले कोई काम कम करने या छोड़ने की गुंजाइश हमारे पास है क्या? हमें उत्तर मिल जाएगा कि नये काम में हाथ डालना है या नहीं।

सार यही है कि अगर हम दोनों पाँव जमीन पर रखे रहेंगे तो वहीं ठहर जाएँगे। दोनों पाँव एक साथ उठाएँगे तो गिर जाएँगे। अगर एक पैर आगे की ओर बढ़ाना है, तो दूसरा पैर ज़मीन से उठाना ही होगा।

लाख टके की बात

रिसाइकल के इस दौर में भी हम एक चीज़ को
रिसाइकल नहीं कर सकते, वो है—समय।